A 1. Wenn man ihn ... .
er nur: „Das inte...

B 2. Ich weiß nicht, ...
Was ....

C 3. Wir warten hier schon über eine Stunde. —
Wie, so lange .... ihr schon?!

B 4. Und wie ist deine Meinung darüber? .... du nicht auch, daß er recht hat?

D 5. Legen Sie sich doch ein wenig hin, wenn Sie sich nicht wohl fühlen! —
Ach, es geht wieder. Ich .... mich wieder besser.

C 6. Wir brauchen ungefähr eine halbe Stunde bis nach Haus.
Und ihr? Wie lange .... ihr?

B 7. Ich glaube, da ist jemand. .... du bitte die Tür?

A 8. Wie sieht denn sein Plan aus? —
Was er ...., weiß ich nicht.

B 9. Noch bist du unverheiratet, aber wenn du erst mal
.................................., . . . !

D 10. Sind Ihre Kinder noch auf der Uni? —
Ja, sie haben ein Stipendium und ....

A 11. Man hört die ganze Zeit nur ihn reden. —
Ja, er .... wie ein Wasserfall.

C 12. Ach, ihr habt eine neue Wohnung? Wo .... ihr denn jetzt?

1

1.1

spielt	Pedro .... sehr gut Tennis.	A
kostet	Ist der Apparat teuer? — Ich weiß nicht, wieviel er	
heiratet	Wie, Robert will heiraten?! Wer hätte das gedacht, daß der doch noch .... !	
fragst	Wenn du mich so ...., weiß ich natürlich nicht, was ich antworten soll.	B
wartest	Ich kann nicht länger warten. Das beste ist, du .... hier allein auf ihn.	
Arbeitest	Ich habe jeden Samstag frei. Und du? .... du samstags?	
wohnst	Hast du eine andere Wohnung gefunden, oder .... du immer noch in der Hamburger Straße?	
meint	Wir meinen, das wäre so das beste. Und ihr? Was .... ihr?	C
macht	Ich glaube, ihr .... da einen großen Fehler.	
redet	Immer wenn wir auch mal reden wollen, heißt es: „Ihr .... nur, wenn ihr gefragt werdet!“	
höre	Haben Sie schon gehört, daß ihr Mann Professor geworden ist? — Nein, das .... ich jetzt zum ersten Mal.	D
sparen	Sie leben sehr sparsam, denn sie .... für ein neues Auto.	

1.1

1.2

A	gilt	1. Diese Briefmarken gelten nicht mehr. Nur die eine da, die .... noch.
B	steht	2. Wohin haben Sie den Wagen gestellt? — Er .... noch vor dem Haus.
C	gefällt	3. Wie gefallen Ihnen die neuen Sachen? — Das Modell da .... mir am besten.
C	fährst	4. Ich fahre im Urlaub an die Nordsee. Und du? Wohin .... du?
A	ißt	5. Was sollte man hier essen? — Am besten .... man hier Schweinebraten.
B	fragt	6. Warum sollte er Sie nicht fragen? Er .... Sie bestimmt noch.
C	läßt	7. Machen Sie sich keine Sorgen, er .... Sie bestimmt nicht im Stich.
B	Legst	8. Wohin soll ich die Sachen legen? — .... du sie mir bitte auf den Tisch?
A	nimmst	9. Es ist schon spät. Am besten .... du ein Taxi.
C	wächst	10. Klaus wird auch immer größer! — Ja, er .... in letzter Zeit sehr schnell.
A	triffst	11. Ich habe ihn vor zwei Tagen getroffen. — Und wann .... du ihn wieder?
B	sagst	12. Ich weiß wirklich nicht, was ich dazu sagen soll. Und du? Was .... du dazu?

1

1.1

1.2

A

gibt	Wieviel würden Sie für den Wagen geben? — Dafür .... Ihnen niemand mehr viel.
Sprichst	Deine Kinder sprechen ja sehr gut Französisch. .... du viel mit ihnen Französisch?
aussieht	Nur wenige Männer sehen so gut aus. — Findest du wirklich, daß er gut .... ?
Hilfst	Inge will mir nicht helfen. .... du mir bitte?

B

lebt	Leben Ihre Eltern noch? — Mein Vater .... noch, aber meine Mutter nicht mehr.
machst	Ich möchte auch mal da Urlaub machen, wo du diesen Sommer Urlaub .... !
lacht lacht	Lachen Sie nur! Wer zuletzt .... , ... am besten!
Stellst	Wohin soll ich die Blumen stellen? — .... du sie bitte ans Fenster?

C

hält	Früher hat der Bus Ecke Franziusallee/Werftstraße gehalten. Jetzt .... er hundert Meter weiter.
trägst	Ich weiß nicht, ob ich das tragen kann. — Warum nicht! Du .... doch am liebsten Rock und Bluse.
läuft	Er ist die 100 m am letzten Sonntag in 11,1 sec gelaufen, bald .... er sie bestimmt unter 11 sec.
fährt	Was für einen Wagen soll er denn fahren? — Ein Mann wie er .... bestimmt einen Mercedes.

A	hast	1. Kaum zu glauben, was für Vorurteile du .... !
B	wissen	2. Weißt du, wie man ein Stipendium bekommt? — Frag doch mal Peter oder Klaus, die .... es bestimmt!
C	wird	3. Der Junge wächst und wächst! — Ja, er .... immer größer.
B	weiß	4. Wir wissen es schon, aber ich bin nicht sicher, ob Pedro es auch ....
D	sind	5. Wir .... nun bald zehn Jahre verheiratet.
C	wirst	6. Wir können nur hoffen, daß du nicht krank .... !
D	Seid	7. .... ihr denn gar nicht politisch interessiert?
B	weißt	8. Ich habe es in der Zeitung gelesen. Und du? Woher .... du es?
A	habt	9. Wenn ihr Zeit ...., könnt ihr gern kommen.
D	bist	10. Mensch, ... du spießig!
C	werden	11. Bald kann man auch abends noch Tennis spielen, denn die Tage .... immer länger.
B	weiß	12. Wissen Sie, daß er verreist ist? — Nein, davon .... ich nichts.

1

1.3

hast	Da .... du aber Glück gehabt!	A
Habt	.... ihr morgen auch frei?	
weißt	Wenn du es nicht ...., wer sollte es dann wissen?	B
wissen	Bis jetzt klappte alles ganz prima, aber nun .... wir wirklich nicht, was wir machen sollen.	
weiß	Fräulein Steiner müßte es wissen. Fragen Sie sie doch mal, ob sie es	
weiß	Woher wissen Sie das? — Ich .... es von Herrn Martin.	
wird	Ich verstehe gar nicht, warum Oliver nicht kommt. — Er .... wohl noch zu tun haben.	C
wirst	Ich habe gehört, daß du bald zum zweiten Mal Vater .... Stimmt das?	
werden	Jaja, aus Kindern .... Leute!	
bist	Und was machst du, wenn du mit dem Studium fertig .... ?	D
seid	Wenn wir zurück sind, ... ihr ja auch schon wieder zurück.	
Sind	.... die Deutschen wirklich so arbeitsam, wie man immer sagt?	

A	1. Kann man noch feststellen, wann das war? — Nein, das ist nicht mehr ....
B	2. Er war sicher in großer Eile. — Ja, er hatte es sehr ....
C	3. Wirken die Tabletten? — Ja, sie sind wirklich sehr .... ; meine Kopfschmerzen sind weg.
B	4. Kennen Sie das dortige Theater? — Nein, im Theater war ich .... noch nicht.
D	5. Waren Sie denn schon mal in Afrika? — Ja, ich kenne viele .... Länder.
E	6. War das denn nicht gefährlich? — Nun, so groß war die .... auch nicht.
C	7. Muß eine Frau denn sparsam sein? Ob sie viel ...., ist doch nicht wichtig. Hauptsache, sie ist hübsch, humorvoll und klug.
F	8. Was er sagt, scheint sehr glaubhaft. — Nein, nicht ganz. Ich .... ihm nicht alles.
E	9. Wie hoch ist dein Stipendium im Monat? — Ich bekomme .... 400 Mark.
A	10. Früher war so etwas noch undenkbar! — Ja, das konnte man sich früher wirklich nicht ....
D	11. Im Urlaub hatten wir fast jeden Tag regnerisches Wetter. — Ja, an der Nordsee .... es um diese Zeit fast immer.
F	12. Er hat keinen Humor! — Es ist unglaublich, wie .... er ist.

1

2.2

erkennen	War die Autonummer nicht erkennbar? — Nein, ich konnte sie nicht	**A**
hörbar	Konnten Sie etwas hören? — Es war kaum	
heute	Haben Sie die heutige Zeitung schon gelesen? — Nein, ... habe ich noch gar nicht in die Zeitung gesehen.	**B**
ruhigen	Hoffentlich finden Sie dort Ruhe. — In den Bergen findet man immer einen .... Platz.	
arbeiten	Sind die Deutschen wirklich so arbeitsam? — Ach, ich glaube, wir .... nicht mehr als alle anderen.	**C**
schweigsam	Alle reden und reden, nur er schweigt. — Er ist eben sehr	
Stadttheater	Gibt es in Kiel ein städtisches Theater? — Ja, es gibt dort das Kieler	**D**
politisch	Frauen interessieren sich doch nicht für Politik. — Natürlich gibt es .... interessierte Frauen!	
wöchentlich	Ist die „Zeit" eine Wochenzeitung? — Ja, sie erscheint einmal	**E**
hoffen	Hoffentlich passiert ihm nichts! — Ja, ... wir das Beste!	
Fehler	Er spricht sehr fehlerhaft Deutsch. — Ach, das dachte ich gar nicht, daß er so viele .... macht, wenn er Deutsch spricht.	**F**
schmerzlos	Ganz ohne Schmerzen geht es nicht. — Mir hat man aber gesagt, daß es ganz .... sein wird.	

A	der	1. Was sollen nur die Leute denken! — Die Meinung .... Leute interessiert mich nicht.
B	des	2. Nach Ansicht .... Ministers werden die Preise in den nächsten Monaten noch etwas steigen.
C	Wessen	3. Seine Angehörigen machen sich da wirklich zu viel Sorgen.— .... Angehörige würden sich da keine Sorgen machen?
D	die	4. Wohin soll .... Reise gehen?
B	des	5. Ein Urteil zu sprechen, bleibt Sache .... Gerichts.
D	die	6. Müssen es denn immer .... Alpen sein? Norddeutschland ist doch genauso schön!
C	Wessen	7. .... Meinung geben Sie denn da wieder? Das ist doch nicht Ihre eigene!
A	der	8. Verstehen Sie etwa den Sinn .... Vorschrift?
D	Den	9. .... Schwarzwald müssen Sie auf jeden Fall kennenlernen.
A	der	10. Nicht alle Abgeordneten .... Sozialdemokratischen Partei sind dafür.
A	der	11. Insgesamt gesehen ist die Meinung .... Abgeordneten aber doch positiv.
B	des	12. Das war eine Sendung .... Bayerischen Rundfunks.

1

5.1

der	Das Gesamtnetz .... Autobahnen wird von Jahr zu Jahr größer.	**A**
der	Was ist für Sie die wichtigste Eigenschaft .... Frau?	
der	Die Berufswünsche .... Schüler sind sehr verschieden.	
der	In jedem Land .... Bundesrepublik gibt es ein Parlament.	
des	Der Text .... Interviews steht heute in der Zeitung.	**B**
des	Chef .... Lohnbüros ist Herr Hansen.	
der	Man redet immer von den Eigenschaften .... Deutschen. Den typischen Deutschen gibt es aber doch gar nicht!	
Wessen	.... Mercedes ist das? Der von Herrn Hartmann?	**C**
wessen	Weißt du, wem die Sachen gehören? — Ich kann dir leider nicht sagen, ... Sachen das sind.	
das	Wie hoch ist .... Stipendium, das du vom DAAD bekommst?	**D**
Der	.... Tip, den Sie mir gegeben haben, war prima.	
dem	Mit .... Kofferpacken bin ich schon fertig.	

A		1. Haben Sie ihn schon im Krankenhaus besucht? — Ich hatte noch keine Zeit, ihn zu ....
B		2. Hier steht es: „Beginn 19.30 Uhr". — Dann .... das Konzert ja schon ....
A		3. Wie soll denn der Apparat funktionieren? Der hat doch noch nie .... !
C		4. Hast du gut geschlafen? — Bei dieser Unruhe kann ich nicht ....
A		5. Macht Ihnen so etwas Spaß? — Nein, das .... mir noch nie Spaß ....
C		6. Glaubst du, daß er das zuläßt? — Das letzte Mal .... er es doch auch ....
B		7. Haben die Läden schon geschlossen? — Nein, sie .... heute erst um sechs.
C		8. Hat Hans noch nicht angerufen? — Das beste ist, du .... ihn ....
A		9. Wir haben bis spät in die Nacht getanzt. — .... Sie so gern?
C		10. Das Buch müssen Sie auf jeden Fall lesen. — Ich .... es schon ....
B		11. Was ziehst du an? — Das, was ich gestern ....
A		12. Den müssen Sie auch noch kennenlernen. — Ich glaube, ich .... ihn schon ....

2

4.1

haben ... gefeiert	Wie wollen wir deinen Geburtstag feiern? — Wie letztes Jahr. Da .... wir ihn mit einer Gartenparty	**A**
rede	Hast du mit ihm geredet? — Noch nicht. Aber ich .... morgen mit ihm.	
aufhören	Hat der Regen schon aufgehört? — Meinst du, der wird noch mal .... ?	
habe ... entschuldigt	Du mußt dich noch bei ihm entschuldigen. — Ich .... mich schon	
diskutiert	Hat die Diskussion noch lange gedauert? — Ja, wir haben noch lange	
beginnt	Hat der Hauptfilm schon begonnen? — Er .... in fünf Minuten.	**B**
habe ... geschlossen	Ich habe doch gesagt, du sollst das Fenster schließen! — Ich .... es schon	
verlieren	Jetzt hat „Bayern München“ schon wieder verloren! — Nächste Woche gegen den „1. FC Köln“ werden sie auch wieder	
lese	Haben Sie heute „Bild“ gelesen? — Diese Zeitung .... ich nicht.	**C**
habe ... angerufen	Rufen Sie doch mal bei ihm zu Haus an! — Dort .... ich auch schon	
einladen	Hast du Peter eingeladen? — Meinst du wirklich, ich soll ihn .... ?	
verlassen	Ich habe gehört, sie will ihren Mann verlassen. — Sie hat ihn schon	

A	1. Hast du ihm geholfen? — Sollte ich ihm denn .... ?
B	2. Ich frage mich, wer den Film begreift. Ich .... nämlich nichts ....
C	3. Möchtest du noch etwas trinken? — Nein, danke. Ich .... schon genug ....
D	4. Die Sonne hat aber nicht oft geschienen. — Das ist doch ganz natürlich. Im April .... sie immer selten.
B	5. Sie streiten sich immer wieder. Gestern habe ich auch gehört, wie sie sich ....
D	6. Du solltest lieber schweigen! — Nein, ich .... lange genug ....
A	7. Sprechen Sie Spanisch? — Früher .... ich es mal ganz gut ....
C	8. Und er hat auch schon im Fernsehen gesungen! — Was heißt das schon, wenn jemand im Fernsehen .... !
A	9. Wo treffen wir uns? — Da, wo wir uns gestern ....
C	10. Wo die nächsten Olympischen Spiele stattfinden, weiß ich. Aber wo .... die letzten Olympischen Spiele .... ?
B	11. Hast du mal die Preise verglichen? — Warum sollte ich sie denn .... ?
D	12. Kannst du mir das verzeihen? — Das .... ich dir schon lange ....

2

4.1.2

spreche	Haben Sie schon mit Ihrer Frau darüber gesprochen? — Ich .... noch mit ihr darüber.	A
hast ... geholfen	Warum sollte ich dir helfen? Du .... mir auch nie ...., wenn ich deine Hilfe brauchte.	
treffe	Hast du Walter getroffen? — Nein, ich .... ihn erst morgen.	
begreifen	Hast du das begriffen? — Ja, aber das war gar nicht so einfach zu	B
habe ... verglichen	Aber nun vergleichen Sie mal die Qualität! — Die .... ich auch	
streiten	Hast du dich mit ihm gestritten? — Warum sollte ich mich deshalb mit ihm .... ?	
trinke	Sie haben ja getrunken! — Das stimmt nicht! Ich .... nie.	C
hat ... gesungen	Hoffentlich singt er das Lied noch einmal! — Nur das nicht! Er .... es schon so oft ....!	
wiederfinde	Haben Sie Ihre Schlüssel wiedergefunden? — Ich glaube nicht, daß ich sie	
verzeihen	Oft genug habe ich ihm seine Fehler verziehen. Aber das geht zu weit, das werde ich ihm nie ....!	D
schweigen	Auch zu diesem Problem hat er wieder geschwiegen. Wie lange will er denn noch .... ?	
hat ... geschienen	Heute ist der erste Tag, an dem die Sonne nicht scheint. In den letzten Tagen .... sie von morgens bis abends	

2

4.1
4.2
4.3

A	ist	1. An der Ecke .... ein Auto mit einem Bus zusammengestoßen.
B	habe ... versucht	2. Versuchen Sie es doch an einer anderen Universität! — Ich .... es schon überall ....
C	gekonnt	3. Sie können ja ganz gut Französisch! — Früher habe ich es noch besser ....
B	habe ... gedacht	4. Denken Sie daran, was alles passieren kann! — Daran .... ich auch schon ....
A	geschehen ist	5. Und was meinen Sie, was geschehen wird? — Ich weiß nur, daß bis jetzt nichts ....
A	sind ... eingetroffen	6. Wann treffen die Sachen ein? — Ich glaube, sie .... schon ....
C	gelassen	7. Lassen Sie sich ruhig Zeit! Die anderen haben sich auch Zeit ....
A	ist	8. Ilse hat einen Franzosen geheiratet und .... so Französin geworden.
C	gewollt	9. Wollten Sie das wirklich so? — Nein, das habe ich so nicht ....
A	gegangen bin	10. Meine Tochter geht in dieselbe Schule, in die ich auch ....
B	haben ... gefallen	11. Warum gefällt dir der Film nicht? — Kriminalfilme .... mir noch nie ....
C	gelassen	12. Die Kinder haben mich den ganzen Tag nicht in Ruhe ....

2—55455/1

2

4.1
4.2
4.3

Bist	Was ist passiert? .... du hingefallen?	A
ist angekommen	Wann kommt die Maschine aus Rio an? — Sie .... gerade	
ist gewachsen	Der Junge wächst und wächst. In den Ferien .... er schon wieder ein Stück	
sind ... geblieben	Was habt ihr Sonntag gemacht? — Wir .... zu Haus .... und haben ferngesehen.	
gelaufen ist	Wie wird die Sache laufen? — Genauso, wie sie das letzte Mal	
habe ... verdient	Verdienst du da gut? — Früher .... ich besser	B
habe ... gewußt	So, jetzt weißt du es auch! — Ja, nur ich .... bis jetzt nichts davon	
habe ... kennengelernt	Kennst du seine Frau? — Ja, ich .... sie bei einer Party	
gelassen	Läßt du die Kinder immer allein zu Haus? — Ja, sie sind jetzt groß genug. Aber früher habe ich sie nie allein	C
gemocht	Magst du etwa Bratwurst? — Nein, Bratwurst habe ich noch nie	
gelassen	Er hat mich einfach im Stich	
gekonnt	Können Sie das denn? — Früher habe ich es sehr gut	

A	saß	Pedro hatte ein Stipendium zum Studium in Deutschland. Die Koffer waren gepackt, die Papiere in Ordnung. (sitzen) Dann .... er
B	flog	(fliegen) in der Lufthansa-Maschine, die nach Frankfurt ....
A	wußte	(wissen) Natürlich war er ein wenig unruhig, denn er .... nicht,
C	erwartete	(erwarten) was ihn in Deutschland alles ....
B	bot ... an	(anbieten) Die Stewardess kam und .... Bonbons ....
D	hielt	(halten) War das schon Frankfurt? Die Maschine ...., und die Passagiere stiegen aus.
C	öffnete	(öffnen) Bei der Zollkontrolle sagte Pedro, daß er nichts zu verzollen hätte. Aber der Zollbeamte .... seinen Koffer,
A	griff	(greifen) .... hinein und fand Haschisch!
A	verstand	(verstehen) Pedro .... die Welt nicht mehr.
A	ging ... ab	(abgehen) Er wollte protestieren und war plötzlich wach. Seine Maschine nach Frankfurt .... ja erst morgen um 11 Uhr von Rio .... !
B	schloß	(schließen) Pedro .... die Augen und versuchte weiterzuschlafen.
D	einschlief	(einschlafen) Es dauerte einige Zeit, bis er wieder ....

2

3.1

3.2

4.3

2

3.1
3.2
4.3

saß	(sitzen) Jetzt .... er schon über eine Stunde hier und wartete auf Maria.	A
wußte	(wissen) Ich .... wirklich nicht mehr, was ich machen sollte.	
verstand	(verstehen) Das Mädchen sprach nur Französisch, Deutsch .... sie leider nicht.	
begriffen	(begreifen) Wir .... sofort, was los war.	
ging	(gehen) Nach der Operation .... es ihm wieder besser.	
schloß	(schließen) Er .... die Tür und ging.	B
fliegen	(fliegen) Im Sommer .... täglich zwei Maschinen nach Paris.	
anbot	(anbieten) Wenn ich ihm Whisky ...., sagte er immer „nein“.	
wartete	(warten) Ich setzte mich ins Café und	C
öffnete	(öffnen) Er ging zur Tür und	
hielt	(halten) Das mußte er sein, denn in der Hand .... er, wie verabredet, eine Zeitung.	D
schlief	(schlafen) In der neuen Wohnung .... ich am Anfang sehr unruhig.	

2

3.2
4.3

A		1. (brechen) Er fiel vom Baum und .... sich ein Bein.
B		2. (heißen) Ich wußte nicht mehr, wie er ....
A		3. (eintreten) Wir öffneten die Tür und ....
C		4. (bitten) Er .... mich in dieser Sache wiederholt um Rat.
A		5. (geschehen) Ich wußte nicht, wie mir ....
B		6. (scheinen) Plötzlich .... die Sonne wieder.
C		7. (beginnen) Die Reise .... später als geplant.
A		8. (essen) Er .... von allem etwas.
C		9. (trinken) Früher .... man noch mehr Wein.
B		10. (schweigen) Er saß die ganze Zeit nur da und ....
A		11. (helfen) Ich ...., wo ich konnte.
C		12. (stattfinden) Das Festival .... bis jetzt noch jedes Jahr ....

2

3.2

4.3

geschah	(geschehen) Zunächst lief alles ganz normal, dann aber .... etwas Unerwartetes.	**A**
traten	(treten) Sie schlugen ihn und .... ihn mit den Füßen.	
half	(helfen) Ich versuchte alles mögliche, aber nichts .... gegen meine Kopfschmerzen.	
brach	(brechen) Er vergaß natürlich, daß er damit sein Wort	
aß	(essen) Ich war so hungrig. Mir war ganz egal, was ich	
hieß	(heißen) Früher .... die Straße doch anders !	**B**
schien	(scheinen) Am Anfang .... alles ganz einfach, dann war es aber doch nicht so leicht.	
unterschied	(unterscheiden) Er .... sich in nichts von den anderen.	
bat	(bitten) Immer wenn er darum ...., begleitete ich ihn.	**C**
tranken	(trinken) Wir aßen und .... bis spät in die Nacht hinein.	
begann	(beginnen) Das Konzert .... pünktlich um acht Uhr.	
fand	(finden) In der Nacht .... ich den Weg nicht so schnell.	

A	1. Und wie kommt ihr zurück? — Wie wir .... ? Das weiß ich auch nicht.
B	2. Wo muß ich aussteigen? — In der Kölner Straße, wo wir gestern auch .... sind.
A	3. Hoffentlich hört der Regen bald auf! — Ja, hoffen wir, daß er bald .... !
A	4. Wollte der Wagen nicht anspringen? — Nein. Und weil er nicht .... , habe ich ihn in der Garage gelassen.
B	5. Kennst du Inges Freund nicht? — Doch, den habe ich vor ein paar Tagen auf einer Party ....
C	6. Verdienen Sie gut? — Ich bin zufrieden mit dem, was ich ....
B	7. Ich kann doch nicht immer dasselbe anziehen! Das Kleid habe ich schon eine Woche lang jeden Tag .... !
D	8. Wollten Sie Ihr Auto nicht verkaufen? — Das habe ich doch schon ....
C	9. Wer bezahlt das? — Walter hat gesagt, daß er alles ....
B	10. Dann rufen Sie doch bei ihm zu Haus an! — Dort habe ich auch schon ....
D	11. Warum sollten wir unsere Bitte noch einmal wiederholen? Wir haben sie oft genug ....
A	12. Wann trifft sein Zug hier ein? — Er hat mir geschrieben, daß er hier um 18.15 Uhr ....

3

1.4

4.0

zurückfahre	Wann fährst du zurück? — Wann ich ...., weiß ich noch nicht.	A
stattfindet	Wo findet das Spiel statt? — Ich habe gelesen, daß es im Volksparkstadion	
abholt	Wirst du abgeholt? — Ich weiß nicht, ob mich jemand	
mitgehe	Gehen Sie auch mit? — Unmöglich ist es nicht, daß ich auch	
eingekauft	Mußt du heute noch einkaufen? — Nein, ich habe schon	B
mitgemacht	Machen Sie nicht mit? — Bis jetzt habe ich noch immer	
eingeladen	Willst du Peter nicht einladen? — Warum denn? Mich hat er auch nie	
angemeldet	Mußt du dich nicht noch anmelden? — Nein, ich habe mich schon	
verstehe	Verstehen Sie das? — Ja, das ist ein Problem, das ich gut	C
gefällt	Gefällt es dir? — Ja, schon, aber warum es mir ...., kann ich dir nicht sagen.	
bezahlt	Mußt du die Sachen noch bezahlen? — Nein, die habe ich schon	D
begleitet	Wer wird ihn begleiten? — Das letzte Mal habe ich ihn	

1.4
9.6

A	rief ... an	1. Er sagte, daß er anrufen wollte, ... dann aber doch nicht ....
B	begonnen	2. Wollen wir nicht beginnen? — Ja, wir .... sofort.
C	zu verlassen	3. Will er seine Firma denn nicht verlassen? — Ich habe ihm den Rat gegeben, sie ....
B	gehören	4. Gehört der Apparat dir? — Wem sollte er wohl sonst .... !
D	vorbeizukommen	5. Kommen Sie noch mal vorbei? — Nein, ich habe keine Zeit, noch mal ....
E	feststellen	6. Und was stellte der Arzt fest? — Er konnte gar nichts ....
E	mitmachen	7. Machen Sie mit? — Ich weiß nicht recht, ob ich .... soll.
D	anzumelden	8. Muß ich mich vorher anmelden? — Ja, vergessen Sie nicht, sich rechtzeitig ....
A	laden ... ein	9. Ich will ihn gern einladen, aber seine Frau kann nicht kommen. — Dann .... Sie ihn doch allein .... !
D	wegzufahren	10. Fahren Sie nicht auch im August weg? — Ich finde es besser, erst im September ....
E	mitnehmen	11. Und wer nimmt mich mit? — Ich kann dich ....
C	zu verdienen	12. Verdienen Sie dort gut? — Noch nicht, aber ich hoffe, bald mehr ....

3

1.4

9.6

fuhr ... ab	Im Fahrplan stand, daß der Zug um 13.30 Uhr abfahren sollte. Er .... aber erst um zwei Uhr	A
merken ... vor	Soll ich Sie vormerken? — Ja, ... Sie mich bitte für morgen ....!	
genügen	Genügt es Ihnen so? — Es muß	B
untersuche	Wollen Sie ihn nicht genauer untersuchen? — Doch, ich .... ihn noch genauer.	
zu empfangen	Der Direktor kann Sie jetzt leider nicht empfangen. — Wann hat er denn endlich mal Zeit, mich	C
zu bestimmen	Er will hier immer alles bestimmen, dabei hat er gar nichts	
festzustellen	Konnte man noch etwas feststellen? — Nein, da war nichts mehr	D
spazieren-zugehen	Kommen Sie mit? Wir wollen ein wenig spazierengehen. — Ich habe keine Lust	
zurückzufahren	Sollen wir schon zurückfahren? — Ja, es ist besser, jetzt	
stattfinden	Der Kongreß fand letztes Jahr in Saarbrücken statt. Dieses Jahr soll er in Hannover	E
wegfahren	Wann fährt er weg? — Er will morgen	
kennenlernen	Wie, Sie kennen ihn noch nicht?! Dann müssen Sie ihn möglichst bald	

A	sich	1. Auf dem Rathausplatz hat .... ein schwerer Unfall ereignet.
B	ihn	2. Er ging zum Polizisten und fragte .... nach dem Weg.
C	sich	3. Sie können .... voll und ganz auf mich verlassen.
D	uns	4. Wir haben .... lange über alles mögliche unterhalten.
A	sich	5. Der „Dreikäsehoch“ zieht .... schon ganz allein an.
D	mich	6. Ich kann .... noch ganz genau daran erinnern.
A	sich	7. Glauben Sie, daß ihn das interessiert? — Er interessiert .... sicher dafür.
D	euch	8. Habt ihr .... schon wieder gestritten?
B	ihn	9. Er wird sich bestimmt freuen. — Ja, ich bin sicher, daß .... das freut.
A	sich	10. Das beste ist, jeder stellt .... selbst vor.
D	dich	11. Du solltest .... bei ihm bedanken.
C	sich	12. Erkundigen Sie .... doch mal im Lohnbüro.

3

1.5

sich	Er hat .... mit Maria verlobt.	**A**
sich	Fragen Sie ihn mal, ob er .... noch an mich erinnern kann.	
sich	Dann war er wieder allein und fragte ...., wie alles passiert war.	
ihn	Er trifft sich um diese Zeit immer mit seinen Kollegen im Café. Wenn Sie .... treffen wollen, gehen Sie am besten dorthin.	**B**
ihn	Da ich den Herrn nicht kannte, stellte Walter .... mir vor.	
ihn	Er nimmt seinen Mantel und zieht .... an.	
sich	Beeilen Sie ....!	**C**
sich	Ich glaube, da irren Sie	
mich	Ich weiß wirklich nicht, wie ich .... entscheiden soll.	**D**
dich	Hast du .... bei Herrn Schmitt entschuldigt?	
uns	Wir haben .... ans Fenster gesetzt.	
euch	Könnt ihr .... noch an die Zeit in Radolfzell erinnern?	

(läßt) sich / einander / reflexive Konstruktion

A	mir	1. Wollten Sie sich nicht einen neuen Wagen kaufen? — Ja, ich kaufe .... das neue Modell von VW.
B	sich	2. Kann man das noch feststellen? — Nein, das läßt .... nicht mehr feststellen.
A	dir	3. Die Bilder der deutschen Expressionisten solltest du .... auf jeden Fall ansehen.
C	einander	4. Wir haben uns vor einiger Zeit gestritten. Seit dem Tag sprechen wir nicht mehr mit.................................... .
D	sich	5. Sein letzter Roman verkauft .... gut.
B	sich	6. Wie kann man das erklären? — Ach, das läßt .... ganz einfach erklären.
A	mir	7. Als ich wieder zu .... kam, hatte ich starke Kopfschmerzen.
C	einander	8. Ich half ihm, und er half mir. Und wenn wir .... halfen, klappte immer alles.
D	sich	9. Hier auf der Terrasse sitzt es .... besonders schön.
C	einander	10. Das macht nichts, wenn einer von uns zu spät kommt. Wir warten auf.................................... .
D	sich	11. In dieser Situation denkt natürlich jeder zuerst an .... selbst.
A	sich	12. Können Sie sich darunter etwas vorstellen? — Nein, darunter kann ich .... nichts vorstellen.

3

1.5

mir	Sie müßten sich den Apparat mal ansehen. — Ich habe ihn .... schon angesehen.	**A**
dir	Hast du .... schon wieder ein neues Auto gekauft?	
sich	Es ist gar nicht so einfach, ... darunter etwas vorzustellen.	
mir	Sprechen Sie doch ein wenig von sich! — Ach, ich spreche nicht gern von	
sich	Man könnte es natürlich auch anders formulieren. — Wie läßt es .... denn anders formulieren?	**B**
sich	Kann man die Tür nicht zumachen? — Nein, die läßt .... nicht schließen.	
einander	Die Papiere lagen durch.................................. auf dem Tisch.	**C**
einander	Wir haben uns lange mit.................................. unterhalten.	
einander	Das ändert sich bestimmt, wenn sie .... persönlich kennenlernen.	
sich	Er hat .... müde gearbeitet.	**D**
sich	Hier lebt es .... gut.	
sich	Zahlen Sie alles zusammen? — Nein, jeder zahlt für	

A	1. Wo wohnen Sie? — Ich habe eine 2-Zimmer-.................................... in der Kantstraße.
B	2. Die Bluse ist mir zu groß. — Welche .... brauchen Sie denn?
C	3. Sein Hobby ist die Politik. — Warum ist er dann nicht .... geworden?
A	4. Ich rufe Sie nachher noch an. — Gut, ich warte auf Ihren ....
D	5. Er spricht Deutsch wie ein ....
B	6. Ich möchte gern seine Bekanntschaft machen. — Ich kann Sie ja mal mit ihm .... machen.
C	7. Ich habe lange in Frankreich gelebt. — Dann sprechen Sie sicher so gut .... wie ein ....
A	8. Seine Schrift kann man kaum lesen. — Ja, er .... wirklich unleserlich.
D	9. Und was passiert, wenn die Menschen alt werden? Die eigene Familie sorgt doch kaum für die .... !
A	10. Vielen Dank für Ihre Hilfe! — Nicht der Rede wert! Dafür brauchen Sie mir nicht zu ....
C	11. Ich komme aus München. — Ach, Sie sind .... !
B	12. Ist es denn wahr? — Ich glaube, die .... wird man nie herausfinden.

3

2.1

Meinung	Und was meinen Sie? — Meine .... interessiert hier nicht.	A
helfen	Ich brauche deine Hilfe. — Wenn ich .... kann, gern.	
Erlaubnis	Glaubst du, daß er es uns erlaubt? — Seine .... bekommen wir bestimmt.	
fragen	Ich hätte da noch eine Frage. — Bitte, ... Sie!	
nah	Gibt es hier in der Nähe eine Post? — Ja, ganz . ... beim Bahnhof.	B
möglich	Sehen Sie eine Möglichkeit? — Ich glaube nicht, daß es .... ist.	
Krankheit	Er ist immer noch krank. — Ja, seine .... scheint schlimmer zu sein, als ich dachte.	
Freundschaft	Sie sind doch sein Freund, nicht? — Ja, unsere .... ist schon uralt.	C
Englisch, Engländer	Ach, Sie kommen aus England! Kein Wunder, daß Sie so gut .... sprechen! Als .... !	
Marokkaner	Sie kommen aus Marokko? Dann sind Sie also .... !	
Bekannter	Er muß Ihnen doch bekannt sein! — Jaja, er ist ein alter .... von mir.	D
Deutschen	Man könnte ihn fast für einen .... halten, so gut Deutsch spricht er.	

A	des	1. In der Nähe .... Parlaments gibt es mehrere Hotels.
B	der	2. Gleich bei Beginn .... Reise hatten wir Probleme mit dem Motor.
A	des	3. Die Schiffe können hier nur in der Mitte .... Flusses fahren.
C	von	4. Die reden und reden! Dabei hat keiner von ihnen das „Kapital" .... Marx gelesen.
B	Anfang der Ferien	5. Hatten die Ferien schon angefangen? — Ja, es war am ....
D	des	6. Bringen Sie die Koffer .... Herrn auf Zimmer 113!
A	der	7. Einen Zigarettenladen finden Sie gleich an der Ecke .... nächsten Straße.
A	Nähe des Hafens	8. Nicht weit vom Hafen, sagten Sie? — Ja, ganz in der ....
D	der	9. Schreiben Sie hier den Text .... Anzeige hin!
B	des	10. Können Sie damit nicht noch bis Ende .... Monats warten?
C	von	11. Innerhalb .... vier Tagen möchte er eine Antwort von uns haben.
A	des	12. Die Taxis stehen auf der Nordseite .... Bahnhofs.

3—55455/1

4

5.1

des	In der Mitte .... Platzes steht ein Kiosk.	**A**
der	Fahren Sie immer geradeaus bis zum Ende .... Straße.	
des	Komm, wir schwimmen auf die andere Seite .... Flusses.	
der	In der Nähe .... Universität ist es schwer, ein Zimmer zu finden.	
Nähe des Bahnhofs	Beim Bahnhof wohnt er also? — Ja, ganz in der	
der	Rufen Sie doch Ende .... Woche noch mal an!	**B**
des	Vor Anfang .... nächsten Monats kann ich Ihnen leider nichts Genaueres sagen.	
Anfang des Semesters	Ich sehe ihn erst, wenn das Semester anfängt. — Ja, aber am .... ist es zu spät.	
von	Da steht der Wagen .... Herrn Hartmann.	**C**
von	Das ist ein Bild .... Dürer.	
des	Hast du die Telefonnummer .... Arztes?	**D**
der	Wie sehen Sie das Problem .... alten Menschen in unserer Zeit?	

A	kann	1. Sehen Sie! So .... es einem ergehen!
B	sollst	2. Der Chef sagt, du .... mal zu ihm kommen.
A	mag	3. Hörst du gern Musik von Brahms? — Nein, Brahms .... ich nicht.
C	müßt	4. Ob ihr wollt oder nicht, ihr .... kommen.
B	willst	5. Was .... du denn werden, wenn du dein Abitur hast?
D	Können	6. .... Sie mir bitte sagen, wie ich von hier zum Hauptbahnhof komme?
B	mußt	7. Ich weiß nicht, wie er darüber denkt. Du .... ihn einfach mal fragen!
A	darf	8. Mama, ... ich draußen spielen?
C	Könnt	9. Ihr habt doch einen Wagen. .... ihr uns nicht abholen?
A	soll	10. Was .... ich nur machen?
B	kannst	11. Wenn du Zeit und Lust hast, ... du auch kommen.
D	müssen	12. Wie, so teuer wird das? — Ja, damit .... Sie schon rechnen.

4

6.1.1

kann	Könnt ihr kommen? — Ich schon, aber Maria .... nicht kommen.	A
soll	Ich weiß nicht, ob ich das Zimmer zu dem Preis nehmen .... oder nicht.	
muß	Da bleibt nur eins: Ich .... mir einen neuen Wagen kaufen.	
will	Ich könnte schon, aber ich .... nicht. Ich habe keine Lust.	
Willst	Ich will ins Kino. .... du nicht mitkommen? Hast du keine Lust?	B
sollst	Warum fragst du mich, was du tun .... ? Das mußt du selbst wissen.	
Kannst	.... du bitte mal das Licht einschalten?	
mußt	Du .... noch das Auto waschen.	
Wollt	.... ihr nicht Platz nehmen?	C
könnt	Wenn wir noch bleiben können, ... ihr doch auch noch bleiben.	
müssen	An der nächsten Haltestelle .... Sie aussteigen, sonst fahren Sie zu weit.	D
Können	.... wir euch irgendwie helfen?	

A	mußte	1. Das habe ich doch gleich gesagt, das .... ja so kommen!
B	wollten	2. Wir fuhren in die Berge, denn wir suchten Ruhe und .... uns entspannen.
A	durfte	3. Es mußte sehr schnell gehen, es .... nicht zu lange dauern.
C	wolltest	4. Konntest oder .... du nicht kommen? — Zeit hatte ich schon, aber keine Lust.
B	konnten	5. Er war schon weg, so daß wir ihn nicht mehr fragen ....
A	sollte	6. Ich verstand die Welt nicht mehr. Was .... ich in dieser Situation nur tun?
C	Mußtest	7. War es denn wirklich nötig? .... du alles wiederholen?
A	konnte	8. So viel Geld hatte ich nicht. Das .... ich nicht bezahlen.
B	mußten	9. Es war schon sehr spät, und wir .... leider aufhören.
A	wollte	10. Früher .... ich mal Exportkaufmann werden.
C	Mochtest	11. Ich mochte ihn wirklich sehr gern. Und du? .... du ihn nicht?
B	sollten	12. Niemand konnte uns sagen, wie wir fahren ....

4

6.2

wollte	Ich .... ihn immer schon mal kennenlernen.	**A**
mußte	An der Grenze .... ich den Apparat verzollen.	
konnte	Ich spreche ziemlich schlecht Englisch, aber früher .... ich es gut sprechen.	
mochte	Er war ein prima Junge. Ich .... ihn sehr gern.	
sollte	Schlimm war es nicht, meinte der Arzt. Stefan .... nur ein paar Tage zu Haus bleiben.	
konnten	Sie haben ihn doch gestern gesehen, da .... Sie ihn doch fragen!	**B**
wollten	Was hattet ihr vor? — Wir .... ins Kino gehen.	
mußten	Es war noch zu früh, und so .... wir einige Minuten warten.	
sollten	Er hat doch gesagt, daß wir eine Woche später wieder anrufen	
mußtest	War es so schlimm, daß du operiert werden .... ?	**C**
wolltest	Wann kommst du denn mal zu Besuch? Du .... uns doch schon lange mal besuchen.	
konntest	Möglich wäre es doch gewesen. Ich verstehe nicht, warum du nicht kommen .... ! Hattest du wirklich keine Zeit?	

A	warten müssen	1. Mußten Sie noch lange warten? — Ja, wir haben noch sehr lange ....
B	fahren lassen	2. Läßt er dich nicht mit seinem Wagen fahren? — Bis jetzt hat er mich noch nicht damit ....
C	hat warten müssen	3. Mußte er denn so lange warten? — Mir hat er gesagt, daß er über eine Stunde ....
D	freigelassen hat	4. Will man Meinert denn nicht freilassen? — Weißt du nicht, daß man ihn schon ....?
A	studieren wollen	5. Wollte er nicht Medizin studieren? — Doch, er hat Medizin ...., aber keinen Platz gefunden.
C	habe rauchen dürfen	6. Nach der Operation durften Sie sicher nicht rauchen. — Ja, daß ich nicht ...., gefiel mir gar nicht.
B	liegen lassen	7. Laß nur nicht wieder die Wagenpapiere irgendwo liegen! Du hast sie schon ein paar Mal ....
D	gelassen	8. Haben Sie die Kinder nicht mitgebracht? — Nein, wir haben sie zu Haus ....
A	fragen müssen	9. Mußt du ihn vorher fragen? — Bis jetzt habe ich ihn immer vorher ....
C	hat sprechen können	10. Konnte er seinen Chef sprechen? — Ich weiß nicht, ob er ihn ....
D	gewollt hat	11. Wollte er es oder nicht? — Mir hat er gesagt, daß er es nicht ....
B	warten lassen	12. Hoffentlich läßt sie uns nicht wieder warten! Das letzte Mal hat sie uns fast zwei Stunden lang ....

4

6.3

zahlen müssen	Und mußte er dann doch zahlen? — Ja, am Ende hat er doch	**A**
einladen wollen	Wollte sie denn nicht Stefan einladen? — Nein, den hat sie nicht	
schreiben können	Hattest du keine Zeit, ihm zu schreiben? — Nein, ich habe ihm leider nicht	
anrufen lassen	Lassen Sie doch mal bei der Polizei anrufen! — Dort habe ich auch schon	**B**
sehen lassen	Läßt er sich manchmal hier sehen? — Seit ein paar Tagen hat er sich hier nicht mehr	
reservieren lassen	Das beste ist, Sie lassen die Plätze reservieren. — Ich habe sie schon	
hat wiederholen müssen	Er mußte die Prüfung wiederholen. — Ach, das wußte ich gar nicht, daß er die Prüfung	**C**
hat kommen können	Warum konnte er denn nicht kommen? — Woher soll ich denn wissen, warum er nicht .... ?	
hat arbeiten müssen	Ach so, er mußte noch arbeiten. — Ja, er ist nicht gekommen, weil er noch	
gelassen	Hoffentlich läßt er mich nicht wieder allein! — Wie, hat er dich schon einmal allein .... ?	**D**
gekonnt	Und wer konnte das Lied? — Niemand hat es	
gelassen	Ich habe ihn in seinem Glauben	

A	1. Darüber brauchen wir nicht mehr zu sprechen. — Doch, wir .... noch mal in Ruhe darüber ....
B	2. Muß ich warme Sachen mitnehmen? — Nein, du .... keine warmen Sachen ....
C	3. Wie oft muß ich kommen? — Sie .... nur zweimal ....
B	4. Muß man dieses Hemd bügeln? — Nein, das .... Sie nicht ....
D	5. Kannst du ihn nicht fragen? — Doch, das .... tun, aber . . .
B	6. Muß ich das heute noch erledigen? — Nein, das .... Sie heute nicht mehr ....
A	7. Dafür brauche ich doch kein Konto zu eröffnen. — Doch, das .... Sie.
C	8. Muß ich denn vorher erst alle fragen? — Nein, du .... nur Walter ....
D	9. Du wolltest doch alles zahlen! — Das ist nicht wahr, das .... ich ....
B	10. Muß man denn das wirklich alles wissen? — Nein, das .... man nicht alles ....
A	11. Dem Chef brauche ich es wohl nicht zu sagen. — Doch, du .... es ihm ....
D	12. Können Sie mir ein Fünf-Mark-Stück wechseln? — Nein, das .... ich leider ....

5

6.1.2

A

muß ... gehen	Du brauchst doch jetzt noch nicht zu gehen. — Doch, ich .... jetzt leider ....
schicken muß	Ihm brauche ich wohl keine Einladung zu schicken. — Ich glaube schon, daß du ihm auch eine ....
muß	So lange brauchen Sie doch nicht zu studieren. — Doch, fünf Jahre .... ich mindestens studieren.

B

brauchen ... zu verzollen	Muß ich den Cognac verzollen? — Nein, den .... Sie nicht ....
brauchen ... zu zahlen	Muß ich eine Provision zahlen? — Nein, Sie .... keine Provision ....
brauchst ... anzurufen	Ich muß Pedro noch anrufen. — Du .... ihn nicht mehr .... Das habe ich schon getan.
brauchen ... zu unterschreiben	Muß ich den Vertrag unterschreiben? — Nein, Sie .... ihn nicht ....

C

brauchst	Ich muß ihm wohl einen Brief schreiben. — Ich glaube, du .... ihn nur anzurufen.
brauchte ... zu öffnen	Mußtest du beim Zoll deine Koffer öffnen? — Nein, ich .... nur meine Tasche ....

D

will	Wollen Sie es sich nicht lieber noch mal überlegen? — Na gut, ich .... mir's gern noch mal überlegen.
können ... nicht kommen	Könnt ihr auch kommen? — Nein, wir ....
wollte	Wollten Sie das Geld nicht überweisen? — Doch, ich .... es überweisen.

A	1. Nehmen Sie doch die Maschine, ... um 17 Uhr hier abgeht.
B	2. Sie finden kaum Ausländer, ... München nicht gefällt.
C	3. Der Schalter, ... Sie das Gerät ein- und ausschalten, ist hier.
A	4. Den typischen Deutschen, ... Bier trinkt und Sauerkraut ißt, gibt's doch gar nicht!
D	5. Ich suche ein Zimmer, ... Miete nicht zu hoch ist.
B	6. Nehmen wir doch denselben Wein, ... wir das letzte Mal getrunken haben!
E	7. Die Bundesrepublik Deutschland, ... Fläche nur halb so groß ist, hat aber mehr Einwohner als Spanien.
A	8. Das sind doch alles Probleme, ... völlig unwichtig sind.
D	9. Er ist jemand, ... Meinung wichtig ist.
E	10. Die Täter, ... Staatsangehörigkeit unbekannt ist, werden noch gesucht.
A	11. Ich hätte gern ein Tonbandgerät, ... mit Batterien arbeitet.
C	12. Vor sich sehen Sie das Haus, ... früher Goethe gewohnt hat.

5

5.3

das	Ich suche mir lieber ein Hotel, ... in der Stadtmitte liegt.	A
die	Ausländer, ... durch Deutschland reisen, suchen meist das romantische Deutschland.	
der	Fragen Sie lieber den Polizisten, ... dort steht.	
die	Eine Zeitung, ... politisch ganz neutral ist, gibt es nicht.	
das	Herr Ober, das Bier, ... Sie mir gebracht haben, könnte kühler sein.	B
denen	Kennen Sie die Leute, ... die Villa gehört?	
mit der	Ist das nicht die Maschine, ... Pedro kommen muß?	C
an der	An der Universität, ... ich studiert habe, war das ganz anders.	
dessen	Für das Studentenheim, ... Zimmer leider zur Zeit alle belegt sind, könnten wir Sie vormerken.	D
dessen	Ich habe einen Mann gesehen, ... Nervosität mir nicht normal schien.	
deren	Denken Sie nur an die Wirtschaft, ... Probleme Ihnen ja bekannt sind.	E
deren	Ich kenne viele Männer, ... Frauen berufstätig sind.	

A 1. Dort kommt Peter gerade ……… ……… Ecke.

B 2. Die Autobahn geht mitten ……… ……… Stadt.

C 3. Wir kamen nur ……… Köln. Dann wollte der Wagen nicht mehr.

D 4. ……… mich war das alles neu.

B 5. Gehen Sie dort ……… ……… Tür und dann rechts.

E 6. Die Bundesrepublik hat ……… ……… Niederlande mit 2 : 1 gewonnen.

D 7. ……… ……… alten Apparat bekommst du sicher nicht mehr viel, wenn du ihn verkaufst.

F 8. Da mache ich nicht mit. Das müßt ihr schon ……… mich machen.

C 9. Du kannst gern ……… nächsten Sonntag bleiben.

A 10. Er redet immer nur ……… ……… Sache herum.

F 11. Wir hatten keinen Pfennig mehr. Was sollten wir nur ……… Geld anfangen?

E 12. Er ist ……… ……… Ampel gefahren.

6

7.1

um	Alle standen sie .... ihn herum.	A
um den	Hier kannst du nicht geradeaus fahren. Du mußt .... Platz herum fahren.	A
durch	Wenn die neue Autobahn fertig ist, braucht man nicht mehr .... Hamburg hindurch zu fahren.	B
durch den	Am schnellsten kommen Sie zum Postamt, wenn Sie dort .... Park gehen.	B
bis	Auf Wiedersehen .... zum nächsten Mal.	C
bis	Der Zug fährt nur .... Hamburg-Altona.	C
für	Eine Aufenthaltserlaubnis erhalten Sie im Amt .... öffentliche Ordnung.	D
Für die	.... Fahrt brauchen wir ungefähr anderthalb Stunden.	D
gegen	Er konnte tun, was er wollte. Nichts half. Er hatte alle .... sich.	E
gegen die	Das war klar .... Spielregeln.	E
ohne	Versteht sich der Zimmerpreis mit oder .... Frühstück?	F
ohne die	Kommt ihr allein? — Ja, wir kommen .... Kinder.	F

A	aus dem	1. Wir kommen gerade .... Kino.
B	bei	2. Grünwald liegt .... München.
C	zum	3. Können Sie mir sagen, wie ich von hier .... Bahnhof komme?
D	von	4. Wenn Sie nach Italien fliegen, geht Ihre Maschine sicher .... Orly ab.
E	nach	5. Am besten fahren wir über Hannover .... Hamburg.
C	zu meinen	6. Am Wochenende fahre ich .... Eltern.
E	nach	7. Ich gehe mal eben .... hinten in den Garten und schaue nach.
B	bei	8. Hast du ihn schon mal besucht? — Ja, ich war schon oft .... ihm.
E	nach	9. Von dort fliegen wir weiter .... Köln.
C	zu	10. Komm her .... mir!
A	aus dem	11. Wann bist du .... Büro zurück?
D	Von	12. Vorsicht! .... rechts kommt ein Auto.

aus dem	Kannst du mir die Sachen .... Schrank holen?	A
aus der	Ich nahm die Papiere .... Tasche und gab sie ihm.	
bei meinen	Als Student habe ich .... Eltern gewohnt.	B
bei einer	Wo wohnst du denn jetzt? — Ich habe ein Zimmer .... netten älteren Dame gefunden.	
zum	Gehen Sie doch mal .... Arzt damit.	C
zu	Im Urlaub fahren wir .... Freunden, die in München wohnen.	
zur	Ich möchte .... Kinderklinik. Wie komme ich am besten dorthin?	
Von	Wir sind jetzt in Belgien. .... hier an mußt du langsamer fahren.	D
vom	Wo wart ihr? — Wir kommen gerade .... Sportplatz.	
nach	Ich gehe jetzt .... Haus.	E
nach	Immer mehr Touristen fahren im Sommer .... Spanien.	
nach	Kommen Sie! Wir gehen .... oben.	

A		1. .... welchem Grund bist du hiergeblieben?
B		2. .... schlechten Wetters war ich mit meinem Urlaub zufrieden.
C		3. Du hast „fünfzig“ .... „fünfzehn“ gesagt.
A		4. Es geschah .... Eifersucht.
D		5. .... Reise können Sie sich auch in den Speisewagen setzen.
E		6. .... Preises könnten Sie ja noch mal mit dem Chef sprechen.
D		7. Er kam .... Gesprächs wiederholt auf dieses Problem zurück.
B		8. .... der Kälte fühle ich mich hier wohl.
E		9. .... starken Wochenendverkehrs brauchen Sie sicher länger für die Fahrt.
C		10. .... Tonbandgerätes kaufte ich mir schließlich einen Kassettenrecorder.
E		11. Ich rufe .... Fahrkarten für Graumann an.
D		12. .... Semesters fahre ich nur selten nach Haus.

4—55455/1

6

7.4

Lösung	Satz	
aus	Nur, weil du neugierig warst? — Ja, ... reiner Neugierde.	A
Aus	.... Liebe zu ihm tut sie alles.	
trotz	Ich versuche es .... allem noch mal.	B
Trotz der	.... vielen Probleme war er glücklich.	
Statt	.... Blumen für die Dame des Hauses: Schokolade für die Kinder.	C
statt des	Ach, jetzt habe ich hier .... Familiennamens meinen Geburtsnamen geschrieben.	
während der	Ich habe .... ganzen Fahrt geschlafen.	D
Während des	.... Treffens in Brüssel haben die Außenminister auch über Zollfragen diskutiert.	
während der	Das gilt auch für Unfälle, die .... Arbeitszeit passieren.	
Wegen	.... dieser und anderer Probleme kann ich leider nicht mitmachen.	E
wegen des	Ich komme .... Inserats in der „Süddeutschen“ vom Samstag.	
wegen der	Das Zimmer habe ich vor allem .... Nähe zur Universität genommen.	

A	in den	1. Nächstes Jahr fahren wir wieder .... Süden.
B	an die	2. Warum fahren Sie im Urlaub nicht mal .... Nordsee?
C	auf der	3. Wie war's denn gestern .... Party?
D	vor dem	4. Jetzt sitzen sie schon wieder .... Fernsehapparat!
B	am	5. Die Stadt liegt direkt .... Fluß.
E	über den	6. Mit dem Schiff dauert die Reise .... Atlantik mehr als vier Tage.
C	auf den	7. Legen Sie mir die Sachen bitte .... Schreibtisch.
F	zwischen	8. Wo ist das passiert? — Auf der Autobahn .... Hamburg und Hannover.
D	hinter	9. Was machst du, wenn du erst mal das Abitur .... dich gebracht hast?
A	im	10. Gestern abend waren wir .... Theater.
F	neben dem	11. Die Sparkasse ist gleich .... Kaufhaus.
E	unter den	12. Sie müssen Ihren Namen hier .... Vertrag schreiben.

7

7.3.1

Lösung	Satz	
ins	Im Urlaub fahren viele Deutsche .... Ausland.	**A**
In der	.... Stadtmitte gibt es viele Kinos.	
an den	Kommen Sie, wir setzen uns dort .... Tisch.	**B**
an der	Kiel liegt .... Ostsee.	
auf dem	Was steht denn .... Zettel?	**C**
auf die	Schau mal .... Uhr! Es ist schon nach zwölf.	
vor	Ich habe alles erledigt. — Ich habe das alles noch .... mir.	**D**
hinter dem	Vorn haben wir einen kleinen Garten, und .... Haus ist die Garage.	
über dem	Hast du das Bild gesehen, das bei ihm .... Schreibtisch hängt?	**E**
unter einen	Bei dem Regen haben wir uns .... Baum gestellt.	
zwischen dem ... dem	Das Geschäft liegt etwa auf halbem Wege .... Bahnhof und .... Rathaus.	**F**
neben	Kennst du die Frau, die .... ihm sitzt?	

7

8.1

8.2

A	werden	1. Was willst du .... ? Hochbauingenieur?
B	werden	2. Das muß alles ganz anders ....
C	wird	3. Es .... schon klappen.
D	wird	4. Der Direktor .... selbst wohl keine Zeit haben.
A	geworden ist	5. Ich habe ihn lange nicht mehr gesehen. Weißt du, was aus ihm .... ?
D	wird	6. Maria .... uns wohl am Bahnhof abholen.
C	werden	7. Die Preise .... auch weiterhin steigen.
B	geworden	8. Wie, drei Wochen hat es gedauert?! Ist dir die Zeit nicht lang .... ?
D	wird	9. Pedro .... sie vielleicht schon gefragt haben.
B	wurde	10. Zuerst hatten wir viel Regen. Aber gegen Ende der Ferien .... das Wetter endlich besser.
D	wird	11. Mach dir keine Sorgen! Walter .... sicher noch kommen.
C	werde	12. Wenn alles klappt, ... ich dort wieder in meinem alten Beruf arbeiten.

7

8.1
8.2

werden	Peter studiert noch. Er will Arzt	A
geworden	Ich bin zum zweiten Mal Vater	
geworden	Gestern abend ist es wieder mal sehr spät	B
werden	Daraus kann doch nichts	
geworden	Seid ihr nicht seekrank .... ?	
wird	Das .... schlimm enden.	C
wird	Alles .... so weiterlaufen wie bisher.	
werden	Sagen Sie das nicht! Sie .... ihn noch kennenlernen!	
wird	Wenn er das sagt, ... es schon stimmen.	D
wird	Er .... den Brief vielleicht schon geschrieben haben.	
werden	Hans und Inge .... wohl schon in Urlaub gefahren sein.	
wird	Warten wir lieber noch etwas! Er .... sicher noch anrufen.	

A	werden	1. Herr Schmitt, Sie .... am Telefon verlangt.
B	worden	2. Er ist nicht zum Studium zugelassen ....
C	werden	3. Gestern konnte der lang gesuchte Bankräuber endlich gefaßt ....
A	wird ausgegeben	4. Wofür geben die Deutschen das meiste Geld aus? — Für Nahrungsmittel .... das meiste Geld ....
C	werden müssen	5. Müssen wir zum Zoll? — Ja, man hat mir gesagt, daß die Sachen verzollt ....
B	worden	6. Wo ist Ihr Paß ausgestellt .... ?
C	verhindert werden	7. Wollen Sie das etwa verhindern? — Ja, das muß auf jeden Fall ....
A	wurde	8. Das neue Stadttheater .... im letzten Herbst eröffnet.
C	angegeben werden	9. Muß ich meine Staatsangehörigkeit angeben? — Ja, die Staatsangehörigkeit muß ....
C	erhöht werden	10. Die Fabrik soll ihre Produktion noch erhöhen. — Kann die Produktion denn ohne Probleme .... ?
A	wird ... gebaut	11. Und jetzt baut man da schon wieder eine Bank? — Ja, da .... eine Bank ....
B	worden	12. Die Vorschrift ist vor kurzem wieder abgeschafft ....

8

8.3

Lösung	Satz	
wird	Es .... immer mehr Strom durch Kernenergie erzeugt.	**A**
wurden	Bei dem Unfall .... drei Personen verletzt.	
werden	In der Stadtmitte .... jetzt immer mehr Hochhäuser gebaut.	
geschrieben wird	Schreiben Sie doch bitte Ihren Namen selbst! Ich weiß nicht, wie er	
worden	Er ist vor zwei Jahren in den Bundestag gewählt	**B**
ist ... worden	Dort .... schon einmal ein Überfall verübt	
geändert worden	Muß der Plan nicht noch geändert werden? — Nein, der ist schon	
werden	Er mußte sofort in ein Krankenhaus eingeliefert	**C**
vergrößert werden	Diesen Anteil könnte man sicher noch weiter vergrößern. — Ja, er könnte leicht noch	
festgenommen werden	Hat man die Bankräuber festnehmen können? — Ja, die konnten wenige Stunden nach dem Überfall	
verändert werden	Die Linken wollen unsere Gesellschaft verändern. — Denken Sie denn nicht, daß die Gesellschaft .... muß?	
verschickt werden	Kann ich die Briefe als Drucksache verschicken? — Nein, das geht nicht, denn Drucksachen dürfen nur unverschlossen	

8

8.3

8.4

A	wird	1. Wie das gemacht ...., weiß ich auch nicht.
B	sind	2. Die Hotelzimmer .... bestellt. Jetzt kann die Reise losgehen.
B	ist	3. Seit Montag .... das Schuhgeschäft an der Ecke wieder geöffnet.
A	wird	4. Ich glaube, die „Abendzeitung" .... mehr gelesen als die „Süddeutsche".
B	waren	5. Wo .... Sie früher polizeilich gemeldet?
A	wird	6. Der Kanzler .... auf seiner nächsten Reise nach Paris vom Finanzminister begleitet.
A	wird	7. In Brüssel .... viel Englisch gesprochen.
B	ist	8. Ab wann .... das Postamt geöffnet?
A	wird	9. Sein Name .... in dieser Sache immer wieder genannt.
B	sind	10. Ist hier noch etwas frei? — Nein, die Plätze .... alle reserviert.
A	wird	11. Wie .... das geschrieben?
B	ist	12. In der Zeitungsanzeige .... aber ein anderer Preis angegeben.

8

8.3

8.4

A

wird	Am Bahnhof .... ein neues Hochhaus gebaut.
wird	Es .... immer wieder vergessen, die Paßnummer einzutragen.
wird	Das machen wir gleich. Das .... sofort erledigt.
werden	Die Plätze müssen vorher reserviert ....
wird	In Rio .... wohl viel Samba getanzt?
wird	Wie .... das gemacht?

B

Sind	.... Sie schon für das neue Semester eingeschrieben?
War	.... das Zimmer, das Sie gemietet hatten, möbliert?
sind	Die Banken .... von 12.30 Uhr bis 15 Uhr geschlossen.
ist	Erledigen Sie das bitte gleich! — Das .... schon erledigt. Hier bitte! Da sind die fertigen Briefe.
Sind	.... die Papiere schon ausgefüllt? — Ja, alles ist fertig.
ist	Das .... doch schon längst vergessen!

A	auf	1. Ich glaube, man kann sich .... ihn verlassen.
B	mit	2. Sie versteht sich sehr gut .... ihm.
A	darauf	3. Das ist eine schwierige Frage. Ich weiß wirklich nicht, was ich dir .... antworten soll.
C	An	4. .... Studenten vermieten die Leute nicht gern.
B	mit den	5. Niemand weiß, was .... alten Sachen geschehen ist.
C	woran	6. Ich weiß nicht, ... es liegt. Vielleicht kommt es vom schlechten Wetter.
B	damit	7. Ich bin auch .... einverstanden.
A	Worauf	8. .... wartest du noch? Du hast doch schon alles!
C	An wen	9. .... muß das Schreiben adressiert werden?
B	mit	10. Darf ich Sie .... Herrn Waldmann bekanntmachen?
C	an die	11. Denken Sie bitte .... Papiere, die sind wichtig!
A	Auf	12. .... mich hört er bestimmt nicht. Es ist besser, wenn du es ihm sagst.

9

7.5

auf	Ich habe ihm noch gar nicht .... seinen letzten Brief geantwortet.	A
auf wen	Ich weiß wirklich nicht mehr, ... ich mich noch verlassen kann.	
darauf	Ich habe dich doch .... aufmerksam gemacht.	
auf	Wollen wir nicht noch .... Maria warten?	
mit	Wir kennen uns schon. Herr Hansen hat uns schon ....einander bekanntgemacht.	B
mit dem	Und was geschieht .... Original?	
Mit wem	.... ist er denn jetzt verheiratet?	
mit	Sie werden sich sicher gleich gut .... ihm verstehen.	
an	Schreiben Sie doch mal .... seine Eltern.	C
an den	Adressieren Sie Ihren Brief .... Direktor der Firma Nagel & Co.	
daran	Nein, das mache ich nicht. Ich denke nicht .... !	
An	Gut, meinetwegen. .... mir soll's nicht liegen.	

A	für	1. Das gleiche gilt auch .... dich!
B	zu	2. Wen willst du alles .... deinem Geburtstag einladen?
C	Mit	3. Wie teuer wird die Reparatur? — .... 150 Mark müssen Sie schon rechnen.
A	Für	4. .... Marokko braucht man ein Visum.
C	Womit	5. Was sollen wir zuerst machen? .... sollen wir anfangen?
B	zur	6. Der Rock paßt sehr gut .... Bluse.
C	mit	7. Hast du dich schon wieder .... ihr gestritten?
C	Mit wem	8. .... haben Sie darüber gesprochen?
A	für einen	9. Ich halte ihn .... prima Jungen.
B	dazu	10. Sie brauchen das nicht zu machen. Niemand zwingt Sie ....
C	mit	11. Ich habe mich lange .... ihm unterhalten.
A	dafür	12. Interessierst du dich auch .... ?

9

7.5

A

für	Ich halte ihn nicht .... sehr intelligent.
Wofür	.... brauchst du das?
dafür	Ich weiß nicht, wie ich Ihnen .... danken soll.
dafür	Moderne Musik? Nein, ... interessiere ich mich nicht.

B

zum	Er hat mich .... Abendessen eingeladen.
zu	Das paßt so richtig .... ihm.
zu	Ich will dich nicht .... deinem Glück zwingen.

C

mit	Streiten Sie sich deswegen doch nicht .... ihm!
mit dem	Das beste ist, Sie sprechen mal .... Direktor persönlich.
damit	Rechnest du immer noch ...., daß Maria noch kommt?
Mit	.... ihm ist wirklich nichts anzufangen.
mit den	Hast du schon .... anderen telefoniert?

A	über	1. Du kannst machen, was du willst, die Leute reden doch immer wieder .... dich.
B	vom	2. Das hängt .... Wetter ab.
A	über	3. Diskutier nur nicht mit ihm .... Politik!
C	nach	4. Hat jemand .... mir gefragt?
A	Worüber	5. .... habt ihr euch unterhalten? Sicher nicht nur über das Wetter!
C	nach	6. Ich wollte .... meiner Tasche greifen, aber da war sie weg.
A	darüber	7. Lassen Sie mich erst mal in Ruhe .... nachdenken!
B	Von	8. .... mir hat er sich nicht verabschiedet.
C	danach	9. Ich habe mich schon bei all meinen Bekannten .... erkundigt.
A	Worüber	10. .... habt ihr euch denn jetzt schon wieder gestritten?
B	davon	11. Ich weiß nicht, was ich .... halten soll.
A	über	12. Ich habe mich wieder mal .... ihn aufgeregt.

9

7.5

über	Ich streite mich immer wieder mit ihm .... ein und dasselbe Thema.	A
Worüber	.... habt ihr diskutiert?	
darüber	Ach, immer wieder dieser Lärm! — Reg dich doch nicht .... auf!	
über	Sprich doch mal mit Stefan .... das Problem!	
darüber	Gefällt dir der neue Apparat? — Ja, ich freue mich sehr	
über	Wir haben uns .... alles mögliche unterhalten.	
von	Darf ich mich .... Ihnen verabschieden?	B
davon	Das hängt .... ab, ob Peter auch mitkommt.	
vom	Was halten Sie .... Winterurlaub?	
nach	Er griff .... dem Glas.	C
Danach	.... fragen Sie ihn lieber nicht.	
nach dem	Am besten erkundigen Sie sich vorher .... genauen Weg.	

7.2
7.3.2
9.2

A	1. .... Anfang schien es unmöglich zu sein.
B	2. .... Nacht gab es ein starkes Gewitter.
C	3. Die Ferien haben .... Woche begonnen.
D	4. Der nächste Zug nach Freiburg fährt .... 11.37 Uhr.
B	5. Ich nehme lieber .... Winter Urlaub.
E	6. Und was willst du machen, wenn du dein Abitur hast? — .... Abitur will ich studieren.
A	7. Wann habt ihr euch kennengelernt? — Das weiß ich noch ganz genau. Das war .... 5. Dezember 1960.
D	8. Damit müssen wir jetzt .... nächstes Jahr warten.
E	9. .... morgen wird alles anders. Heute lassen wir es noch so, wie es ist.
C	10. Nehmen Sie hiervon .... Schlafengehen eine Tablette.
E	11. Er ist .... Woche krank.
D	12. Wir werden so .... Mittag da sein.

5—55455/1

10

7.2
7.3.2
9.2

am	Früh .... Morgen kann ich noch nicht so richtig arbeiten.	A
am	Und .... Ende war dann alles wieder gut.	
im	Hast du nicht auch .... Oktober Geburtstag?	B
in einer	Morgen .... Woche geht es los.	
vor einem	Wir haben uns heute .... Jahr das letzte Mal gesehen.	C
vor der	Das war noch .... letzten Wahl.	
um	Die Maschine geht .... 9.50 Uhr.	D
gegen	So pünktlich brauchst du nicht zu sein. Komm mal so .... acht, halb neun!	
Bis	.... morgen müssen wir es fertig haben.	
seit	Ich habe ihn schon .... vielen Jahren nicht mehr gesehen.	E
Nach dem	.... Essen trinken wir dann noch einen Kaffee.	
Ab	.... nächster Woche muß ich wieder arbeiten.	

A	sitzen	1. Wollen Sie sich auf meinen Platz setzen? — Nein, danke. Bleiben Sie ruhig .... !
B	zu streiken	2. Ich finde es nicht gut, daß die Metallarbeiter streiken. — Sie haben aber das Recht ....
C	auszuwählen	3. Haben Sie schon etwas ausgewählt? — Es fällt mir schwer, etwas ....
A	essen	4. Hast du schon gegessen? — Nein, ich gehe jetzt ....
D	zu haben	5. Ich bin sicher, ihn vor einem großen Fehler bewahrt ....
B	zu warten	6. Sollen wir noch länger warten? — Ich glaube, es hat keinen Zweck, noch länger ....
C	vorbeizukommen	7. Kommen Sie doch mal vorbei! — Gut, ich werde versuchen, morgen ....
A	stehen	8. Der Motor wollte nicht anspringen. Da ließen wir den Wagen .... und gingen zu Fuß weiter.
D	getroffen zu haben	9. Schade, daß du ihn nicht getroffen hast. — Ja, es tut mir leid, ihn nicht ....
C	anzurufen	10. Vergessen Sie nicht, bei der Post .... ! Oder haben Sie dort schon angerufen?
A	mitkommen	11. Es ist wichtig, daß Sie auch mitkommen. — Muß ich wirklich .... ?
B	zu helfen	12. Hat er nicht gesagt, daß er Hilfe braucht? — Ja, er hat mich gebeten, ihm ....

stehen	Plötzlich blieb die Maschine .... Was war denn nun schon wieder los?	A
anrufen	Ich habe jetzt keine Zeit. Rufen Sie ihn doch an! — Ich kann ihn jetzt auch nicht	
einkaufen	Mußt du nicht noch einkaufen? — Ja, ich gehe nachher noch	
liegen	Das können wir doch nicht einfach so liegenlassen! — Doch, lassen Sie ruhig alles so .... !	
zu fragen	Muß man vorher fragen? — Nein, es ist nicht nötig, vorher	B
zu schicken	Hast du ihm das Telegramm schon geschickt? — Ja, dein Rat, ein Telegramm .... , war sehr gut.	
zu erklären	Wie soll ich es dir erklären? Es ist wirklich sehr schwer	
auszufüllen	Du mußt den Antrag noch ausfüllen. — Der ist gar nicht so einfach	C
einzutreffen	Wann treffen Sie dort ein? — Ich hoffe, gegen Abend dort	
mitzumachen	Willst du nicht mitmachen? — Nein, ich habe weder Zeit noch Lust	
zu haben	Ich bin froh, nicht so lange gewartet	D
gesehen zu haben	Hast du den Film schon gesehen? — Ich glaube, ihn schon	

zu / um . . . zu / ohne . . . zu / statt . . . zu

A	um ... zu	1. Ich habe es nur getan, ... dich vor einem Unglück .... bewahren.
B	ohne ... zu	2. Hast du die Sachen verzollt? — Nein, ich habe sie durch den Zoll gebracht, ... sie .... verzollen.
C	Statt ... zu	3. .... Italienisch .... lernen, sollten Sie lieber erst mal Ihr Englisch verbessern!
B	zu sagen	4. Hat er dir gesagt, wohin er gegangen ist? — Nein, er ist weggegangen, ohne ...., wohin.
D	mitgehen	5. Hast du Zeit mitzugehen? — Nein, ich kann leider nicht ....
A	um ... zu laufen	6. Ich fahre lieber im Winter in Urlaub, ... Ski ....
D	zu fragen	7. Fragen Sie ihn doch mal! — Ach, es hat ja doch keinen Zweck, ihn ....
C	Statt zu	8. .... helfen, sitzt er da und liest die Zeitung.
A	um zu hören	9. Ich habe das Radio eingeschaltet, ... die Nachrichten ....
B	ohne zu	10. Sekretärin wird man .... studieren.
D	zu reisen	11. Was halten Sie von Reisen in ferne Länder? — Ich finde es interessant, in ferne Länder ....
C	Statt ... zu fahren	12. .... schon um 8.44 Uhr ...., können Sie auch den Zug um 9.36 Uhr nehmen.

10

9.6

Um . . . zu	Warum fragst du mich das? — .... deine Meinung .... hören.	A
Um . . . zu lernen	.... gut Spanisch ...., fahren Sie am besten mal nach Spanien.	
um . . . zu bekommen	Die Arbeiter streiken, ... mehr Lohn	
ohne umzusteigen	Muß ich umsteigen? — Wenn Sie den TEE nehmen, können Sie .... bis Hamburg fahren.	B
Ohne . . . zu	.... lange .... überlegen, sagte ich ja.	
ohne . . . zu sagen	Hat er sich eigentlich verabschiedet? — Nein, er ist gegangen, ... ein Wort	
statt . . . zu	Ich reise lieber allein, ... mit einer Reise-gesellschaft .... fahren.	C
statt . . . zu schreiben	Soll ich ihm mal schreiben? — Am besten ist, du rufst ihn mal an, ... ihm	
Statt . . . zu fahren	.... mit der Straßenbahn ...., nehmen Sie doch lieber ein Taxi!	
zu reparieren	Kannst du den Apparat selbst reparieren? — Ich werde versuchen, ihn allein	D
ausfüllen	Ist es wirklich nötig, den Antrag auszufüllen? — Ja, Sie müssen den Antrag	
zu treiben	Der Arzt hat mir geraten, Sport	

A	hatte	1. Nachdem ich die Koffer gepackt ...., rief ich ein Taxi.
B	waren	2. Wir mußten noch ein ganzes Stück zu Fuß laufen, denn wir .... eine Haltestelle zu früh ausgestiegen.
C	habe	3. Wo wohnst du jetzt? — Ich .... ein Zimmer in der Nähe der Uni gefunden.
A	hatte	4. Ich fragte mich, warum er das getan ....
D	ist	5. Lebt er noch? — Nein, er .... vor einigen Jahren gestorben.
C	haben	6. Woher kommst du? Wir .... dich überall gesucht.
A	hatte	7. Ich mußte noch mal nach Haus zurückfahren, denn ich .... meinen Paß vergessen.
D	ist	8. Wann wird er denn aus dem Krankenhaus entlassen? — Nicht so bald, denn er .... erst gestern operiert worden.
C	habe	9. Ich kann dir gar nicht sagen, wie ich mich darüber gefreut ....
A	hatte	10. So schlimm war es nicht. Ich .... mich nur leicht verletzt.
B	war	11. Niemand wußte, wie es geschehen ....
D	ist	12. Wie? Zwei Jahre ist es schon her? — Ja, die Zeit .... wirklich sehr schnell vergangen.

10

9.3

hatten	Das war mehr, als wir erwartet	A
bekommen hatte	Nachdem Pedro ein Stipendium ...., konnte er nach Deutschland fliegen, um dort zu studieren.	
hatte	Ich wußte nicht, wo ich meine Papiere gelassen	
hatte	Es kam genauso, wie ich es vorhergesagt	
waren	Ich wollte wissen, wie viele Angebote eingegangen	B
worden war	Nachdem die Stadt im Krieg zerstört ...., hat man sie nach dem Krieg ganz modern wieder aufgebaut.	
habe	Kennen Sie Herrn Kreuzmann? — Ja, ich .... ihn vor kurzem kennengelernt.	C
haben	Was macht ihr am Wochenende? — Wir .... noch gar nicht darüber nachgedacht.	
hat	Und wie ist Peters Meinung dazu? — Das weiß ich nicht. Er .... mir noch nicht geschrieben.	
bin	Ich hatte keine Lust, so lange zu warten, und .... einfach allein ins Kino gegangen.	D
ist	Seit einem Jahr .... alles teurer geworden.	
sind	Die Arbeiter verlangen mehr Lohn, weil die Preise so gestiegen	

A		1. .... wir aus dem Urlaub zurück sind, haben wir mehrmals versucht, ihn anzurufen.
B		2. .... ich eine Entscheidung treffen kann, brauche ich noch einige Informationen.
C		3. Es ist doch immer dasselbe! .... du deinen Mittagsschlaf machst, muß ich arbeiten!
A		4. .... er in Süditalien lebt, geht es ihm besser.
D		5. Gleich .... ich in Bochum angekommen war, suchte ich mir ein Hotelzimmer.
C		6. .... ich einkaufen gehe, kannst du ja schon das Essen machen.
E		7. Bis jetzt war es doch immer so: .... die Preise stiegen, wollten die Arbeiter mehr Lohn.
F		8. Ja, ... ich noch jung war, da konnte ich das auch.
B		9. .... Sie zum Flughafen hinausfahren, rufen Sie lieber dort an und fragen Sie, ob die Maschine pünktlich ankommt.
E		10. .... du mal ein Zimmer suchst, setzt du am besten eine Anzeige in die „Süddeutsche".
D		11. .... ich den Koffer ins Hotel gebracht hatte, fuhr ich zur Universität.
F		12. Wir waren kaum zu Haus, ... es anfing zu regnen.

10

9.4.1

Seitdem	.... ich das letzte Mal hier war, hat sich in der Stadt viel verändert.	**A**
Seitdem	.... ich weiß, wie es funktioniert, finde ich es sehr einfach.	
Bevor	.... ich in die Versammlung gehe, möchte ich gern wissen, worum es geht.	**B**
Bevor	.... ich zur Arbeit fahre, bringe ich die Kinder zum Schulbus.	
während	Ich blieb bei dem Verletzten, ... meine Frau einen Arzt holte.	**C**
Während	.... in Süddeutschland die Sonne scheint, regnet es im Norden schon wieder mal.	
Nachdem	.... ich mein Studium beendet hatte, suchte ich mir eine Stelle als Elektroingenieur.	**D**
Nachdem	.... ich weggegangen war, fiel mir ein, daß ich noch etwas vergessen hatte.	
Wenn	.... ich nach München muß, fliege ich meistens, denn das geht schneller als mit dem Auto.	**E**
wenn	Und was habt ihr im Urlaub gemacht, ... es regnete? — Dann sind wir immer ins Museum gegangen.	
als	Wann ist denn das passiert? — Gestern abend, ... wir vom Kino nach Haus fuhren.	**F**
als	Das war im vergangenen Sommer, ... wir in Spanien waren.	

A	warum	1. Ich hätte gern gewußt, ... das so sein muß. — Den Grund kenne ich auch nicht.
B	ob	2. Wir gehen auf jeden Fall hin, ... es regnet oder nicht.
C	daß	3. Ich meine auch, ... man auf der Autobahn nicht schneller als 130 fahren sollte.
A	wie	4. Könnten Sie mir bitte erklären, ... der Apparat funktioniert?
D	wenn	5. Und was machst du, ... es nicht klappt?
E	weil	6. Ich rufe an, ... ich noch mal wegen morgen mit Ihnen sprechen wollte.
C	daß ... uns bald wiedersehen	7. Ich hoffe, Sie bald wiederzusehen. — Ich hoffe auch, ... wir ....
F	Damit	8. .... man in der Stadt noch leben kann, sollte der Autoverkehr im Stadtzentrum verboten werden.
B	Ob	9. Kommst du mit? — .... ich mitkommen kann, weiß ich noch nicht.
E	Weil	10. .... ich Ausländer bin, finde ich nicht so leicht ein billiges Zimmer.
F	damit	11. Wir taten alles, ... es nicht zur Katastrophe kam.
D	Wenn	12. .... es wirklich nicht anders geht, dann müssen wir eben noch warten.

10

9.4.2–6

wann	Können Sie mir sagen, ... die nächste Maschine nach Frankfurt geht? — Um 11.20 Uhr.	**A**
wie	Meiner Meinung nach hängt es ganz davon ab, ... man es macht.	
ob	Ich möchte gern wissen, ... Sie die Papiere für mich schon bekommen haben.	**B**
ob es klappt	Klappt es? — Ich weiß nicht, ...	
daß	Man sagt, ... er wieder geheiratet hat.	**C**
daß es so nicht geht	So geht es nun wirklich nicht! — Ich teile Ihre Meinung, ...	
wenn	Ich bin nur einverstanden, ... es keine andere Möglichkeit gibt.	**D**
Wenn	.... ich mal nach Brüssel komme, besuche ich euch.	
weil	Ich mußte nochmal zurück nach Haus, ... ich meine Brieftasche vergessen hatte.	**E**
Weil	.... wir jetzt Fernsehen haben, sehen wir unsere Freunde kaum noch.	
damit	Wir tun es nur für unsere Kinder, ... die es später mal besser haben als wir.	**F**
damit	Die schönen alten Häuser werden abgerissen, ... Banken und Büros gebaut werden können.	

A	könne	1. Kann er denn schwimmen? — Er behauptet, er .... schwimmen.
B	genüge	2. Genügt das denn? — Mir hat man gesagt, daß es so ....
C	sei	3. Wie ist denn im Herbst das Wetter am Mittelmeer? — Alle sagen, es .... dann dort sehr schön.
A	werde	4. Meinst du, sie wird es schaffen? — Peter hat mir versichert, daß sie es schaffen ....
D	habe	5. Er glaubt wohl, er .... es nicht nötig, vorher zu fragen.
B	wisse	6. Vielleicht weiß Andreas etwas davon? — Ich glaube nicht. Er hat wiederholt gesagt, er .... nichts davon.
D	habe	7. Er wiederholte nur, daß er nichts gesehen ....
A	müsse	8. Wie lange muß sie noch studieren? — Walter hat mir gesagt, daß sie noch fünf Semester studieren ....
D	habe	9. Er erzählt überall, er .... mit dem Bundespräsidenten persönlich gesprochen.
B	verstehe	10. Hast du ihn gefragt, ob er etwas davon versteht? — Ja, da hat er mir geantwortet, daß er sehr wohl etwas davon ....
C	sei	11. Er behauptet, er .... pünktlich gekommen.
A	wolle	12. Will Maria nicht mitkommen? — Doch, mir hat sie gesagt, sie .... mitkommen.

11

10.1

A	
könnte	Kann Pedro nicht kommen? — Mir hat er gesagt, er .... nicht kommen.
müsse	Muß sie denn schon so früh aufhören? — Ja, sie meint, sie .... auf jeden Fall vor fünf aufhören
wolle	Will er es nicht selbst versuchen? — Mir hat er erklärt, er .... es nicht versuchen.
solle	Sie forderte ihn auf, er .... endlich auf ihre Frage antworten.
B	
kenne	Kennt sie ihn? — Sie behauptet, sie .... ihn.
gefalle	Wie gefällt es ihm denn in Hamburg? — Mir hat er geschrieben, Hamburg .... ihm sehr gut.
fühle	Hoffentlich fühlt er sich dort wohl! — Warum nicht? Er sagt doch immer, er .... sich dort sehr wohl.
C	
sei	So einfach ist es doch auch nicht! — Peter meint aber, daß es sehr einfach ....
sei	Er sagt, er .... nicht mehr lange geblieben.
D	
habe	Sie sagt immer, für so etwas .... sie keine Zeit.
habe	Er behauptet, er .... den Apparat verloren.
habe	Hat sie es nicht gewußt? — Sie bleibt bei ihrer Aussage: Sie .... es nicht gewußt.

A	hätte	1. Ich würde es machen, wenn ich die Zeit ....
B	kämen	2. Wenn wir das täten, ... wir in eine schwierige Lage.
C	hätten	3. Wenn Sie die Nachrichten gehört ...., wüßten Sie, worum es geht.
B	gäbe	4. Es wäre schön, wenn es keine Kriege mehr .... !
D	wären	5. Wenn Sie gestern noch etwas länger geblieben ...., hätten Sie ihn noch getroffen.
E	hat	6. Wenn er es Ihnen so gesagt ...., muß es wohl stimmen.
A	wäre	7. Wie .... es, wenn wir gleich hingingen?
B	ginge	8. Wenn alles nach Wunsch ...., würde ich mich freuen.
D	wäre	9. Wenn er mich gefragt hätte, ... das nicht passiert.
C	hätten	10. Es wäre das beste gewesen, wir .... vorher noch mal angerufen.
E	ist	11. Wenn er krank ...., kann er eben nicht mitkommen.
A	würde	12. Wenn ich du wäre, ... ich es mir noch mal überlegen.

hätten	Wenn wir im Wagen noch Platz ...., würden wir Sie gern mitnehmen.	A
könnte	Sie suchen also einen Ferienjob. — Ja, ich dachte, ich .... vielleicht als Fahrer bei einer Firma arbeiten.	
würden	Das beste wäre, Sie .... ihn mal anrufen.	
ginge	Es wäre wohl ganz gut, wenn ich der Sache mal auf den Grund	B
bekäme	Haben Sie schon den Vertrag bekommen? — Nein. Ich würde mich freuen, wenn ich ihn bald	
gäbe	Es wäre gut, wenn Walter eine Party	
hätte	Wenn ich das gewußt .... !	C
hätten	Sie würden anders über ihn urteilen, wenn Sie ihn persönlich kennengelernt	
wäre	Was .... geschehen, wenn ich „nein" gesagt hätte?	D
wären	Wenn Sie etwas früher gekommen ...., hätten Sie noch Karten bekommen.	
haben	Wenn Sie Zeit ...., kommen Sie doch mit!	E
trinken	Sie können doch nicht mehr Auto fahren, wenn Sie so viel Bier	

A	hätte	1. Ohne Ihre Hilfe .... es nicht geklappt.
B	würden	2. Lange sah es so aus, als .... die Deutschen das Spiel verlieren.
C	hätten	3. Da .... wir vorher abstimmen müssen.
D	Hätte	4. .... ich doch nur nichts gesagt!
A	würde	5. Gott sei Dank regnet es nicht! Bei Regen .... die Straße nämlich unter Wasser stehen.
C	hätten	6. Sie .... nicht vergessen dürfen, mit dem Chef über die Sache zu sprechen.
D	Wären	7. .... wir doch nur zu Haus geblieben!
B	würde	8. Es sieht so aus, als .... es dieses Mal funktionieren.
D	hätte	9. Ich wollt', ich .... Zeit!
C	hätten	10. Sie .... Ihre Dollars in Deutschland umtauschen sollen.
A	würde	11. Und wenn ich keinen Paß hätte? — Ohne Paß .... man Sie nicht in die Bundesrepublik einreisen lassen.
B	hätte	12. Ich fühle mich, als ob ich die ganze Nacht nicht geschlafen ....

6—55455/1

hätte	Ohne dich .... es nur halb so viel Spaß gemacht.	A
hätten	Jetzt regnet es schon wieder! — Ja, bei schönem Wetter .... wir so schön spazierengehen können.	
könnten	Und was wäre, wenn ich das Abitur hätte? — Mit dem Abitur .... Sie bei uns eine besser bezahlte Stelle bekommen.	
wäre	Und jetzt tut er so, als ob nichts gewesen	B
würde	Es scheint, als .... es das nächste Mal besser klappen.	
hätten	Tun Sie doch nicht so, als .... Sie mich nicht verstanden!	
hätten	Um sicher zu gehen, ... Sie ihn nach seinen Papieren fragen müssen.	C
hättest	Du .... das Geld nicht von ihm annehmen dürfen!	
hätten	Meinst du nicht auch, daß wir vorher .... anrufen sollen?	
wäre	Ich wollte, es .... schon soweit!	D
hätten	Wenn wir doch nur noch ein wenig länger gewartet .... !	
wäre	Ich wünsche, es .... anders gekommen.	

A	kaum	1. Das ist doch nicht zu glauben! — Ja, das ist .... glaublich.
B	zu	2. Nein, den Rock nehme ich nicht, der ist mir .... teuer.
C	höchstens	3. Für den Wagen kriegen Sie .... noch 500 Mark, mehr bestimmt nicht.
D	nur	4. Es dauert .... noch ein paar Minuten.
E	erst	5. Er kommt .... morgen zurück. — Wie, früher nicht?
D	nur	6. Bei der Elternversammlung waren gestern abend .... 32 Personen da.
A	kaum	7. Ich war .... im Büro, da kam auch schon der erste Besucher.
C	mindestens	8. Zwei Wochen noch? — Ja, so lange müssen Sie .... warten, wenn nicht noch länger.
E	erst	9. Wie, so alt sind Ihre Kinder schon? Meine sind .... sechs und acht Jahre alt.
B	zu	10. Der Unfall ist doch nur passiert, weil Sie viel .... schnell gefahren sind.
E	erst	11. Es ist .... 10 Uhr. — Ach, ich dachte, es wäre schon viel später.
D	nur	12. Ich trinke nie Wein, immer .... Bier.

11.5

A

Für den Preis finden Sie .... noch einen guten Apparat.

.... waren wir fertig, da fuhren wir los.

B

Ich möchte die Bluse umtauschen, die ist mir .... groß.

Das ist .... schön, um wahr zu sein.

C

Wie lange dauert es noch? —
.... eine Viertelstunde, länger auf keinen Fall.

Dreihundert Mark für eine Filmkamera? —
Ja, soviel müssen Sie .... für eine gute Kamera ausgeben.

D

Ich wollte dir doch .... helfen!

Gehen Sie doch ins „Astoria“! Da kostet das Zimmer .... 25 Mark.

Eine „Frankfurter Allgemeine“, bitte! —
Die habe ich nicht mehr. Hier ist .... noch die „Welt“.

E

Bei dem Verkehr kommen wir gar nicht weiter. Wir wollten doch schon in Hamburg sein, sind aber .... in Hannover.

Wie gefällt dir das Buch? —
Bis jetzt ganz gut. Aber ich habe .... 50 Seiten gelesen.

Hast du Peter schon wiedergesehen? —
Ja, aber .... gestern.

13

11.3.1

11.3.2

A	neue	1. München soll einen neuen Flugplatz bekommen. — Wo soll der .... Flugplatz denn gebaut werden?
B	schöner	2. Ist der Schrank nicht schön? — Ja, das ist wirklich ein .... Schrank.
C	politisches	3. In der Politik gibt es das Problem oft. — Nicht nur da, denn es ist nicht allein ein .... Problem.
D	europäischen	4. Und wie ist es in Europa? — Das ist in den einzelnen .... Ländern ganz verschieden.
A	deutsche	5. Was halten Sie vom deutschen Fernsehen? — Das .... Fernsehen finde ich nicht so gut.
B	hoher	6. Wie hoch ist der Lohn? Nur 1000 Mark? Das ist kein besonders .... Lohn für die schwere Arbeit.
C	gutes	7. Die Kritiken waren nicht gut. — Trotzdem halte ich es für ein .... Stück.
A	letzte	8. Wann wird die Sendung zum letzten Mal wiederholt? — Die .... Wiederholung ist am Sonntag.
D	neuen	9. Das ist mein neuer Mantel. — Ich brauche auch bald mal wieder einen .... Mantel.
B	guter	10. Zeitungen verkaufen, das wäre nicht schlecht. — Ja, das wäre ein .... Ferienjob.
C	modernes	11. Und wie ist das Programm? Modern? — Ja, das Stadttheater bietet immer ein ganz .... Programm.
A	neue	12. Diese Deutschlandkarte ist schon ziemlich alt. Ich brauche eine ....

13

11.3.1
11.3.2

letzte	Läuft der Film morgen noch? — Nein, heute ist der .... Tag.	A
neue	Müller & Co haben neu gebaut. — Ach, ist es das .... Kaufhaus in der Bahnhofstraße?	
richtige	Versuchen Sie, richtig zu antworten! — Und was dann, wenn ich die .... Antwort gefunden habe?	
wichtige	Ist das denn wirklich so wichtig? — Bestimmt, das ist eine .... Frage.	
langer	Zehn Stunden pro Tag? Das ist aber lang! — Ja, das ist ein .... Arbeitstag.	B
guter	Spielt er wirklich so gut? — Ja, er ist ein sehr .... Spieler.	
bezahlter	Ich suche einen Job, der gut bezahlt ist. — Ein gut .... Job ist nicht so leicht zu finden.	
ausgezeichnetes	Findest du das Buch nicht auch ausgezeichnet? — Doch, das ist wirklich ein .... Buch.	C
gutes	Natürlich darf er das verlangen! Das ist sein .... Recht!	
interessantes	So interessant war das Stück aber nicht. — Doch, ich fand, es war ein sehr .... Stück.	
roten	Der rote Rock gefällt mir gut. — Aber einen .... Rock hast du doch schon.	D
letzten	Wie es bei der nächsten Wahl wird, weiß man nicht. Bei der .... Wahl hatte die SPD noch die Mehrheit.	

13

11.3.3

12.7

A	schönem	1. Hoffentlich ist dann das Wetter schön. Bei … Wetter wollen wir nämlich an die See fahren.
B	gleicher	2. (gleich) Mit … Post schicke ich Ihnen den Antrag ausgefüllt zurück.
C	alte	3. Er ist doch schon ziemlich alt, und … Leute reagieren nun eben mal so.
C	alten	4. Jaja, bei … Leuten muß man mit dieser Reaktion rechnen.
D	schöne	5. War es dort schön? — Ja, wir hatten einige … Wochen.
E	neuen	6. Wie finden Sie die neuen Modelle? — Die wenigen … Modelle, die ich gesehen habe, finde ich nicht schlecht.
B	kurzer	7. (kurz) Nach … Zeit war alles vorbei.
E	alten	8. Gibt es hier denn keine alten Häuser mehr? — Alle … Häuser wurden im Krieg zerstört.
A	großem	9. (groß) Alle sahen dem Spiel mit … Interesse zu.
E	wichtigen	10. Wer trifft die Entscheidung über wichtige Dinge? — Alle … Entscheidungen trifft der Chef persönlich.
D	interessante	11. Ich hoffe, die Gespräche waren interessant. — Ja, wir haben viele … Gespräche geführt.
E	guten	12. Sie haben sicher dort noch gute Freunde? — Nein, die vielen … Freunde, die wir hatten, wohnen auch nicht mehr dort.

13

11.3.3
12.7

	Übung	
	(rein) Der Ring ist aus .... Gold.	A
	(herzlich) Mit .... Gruß Dein Walter	
	(voll) Das Auto fuhr in .... Fahrt gegen einen Baum.	B
	(rein) Käse aus .... Ziegenmilch.	
	Ich suche etwas Modernes. — .... Sachen finden Sie in unserer Boutique im ersten Stock.	C
	(wenig) Ich kann es dir mit .... Worten erklären.	
	Und was macht man mit den alten Modellen? — Einige .... Modelle werden noch verkauft.	D
	Es war sicher sehr interessant, was er gesagt hat. — Ja, er hat uns viele .... Auskünfte gegeben.	
	Und wie ist es in den anderen Ländern Europas? — Alle .... Länder haben dieselben Probleme	E
	Die Antworten waren sicher sehr verschieden. — Die vielen .... Antworten zeigen, daß man nichts Genaues darüber sagen kann.	
	War was Wichtiges heute morgen, Fräulein Klein? — Alle .... Anrufe stehen hier auf dem Zettel.	
	So wichtig sind die Probleme auch nicht. — Und für die wenigen .... Probleme finden wir sicher auch noch eine Lösung.	

A	früher	1. Ist neun Uhr früh genug? — Lieber etwas ...., um Viertel vor.
B	höher	2. Die Steuern sind doch recht hoch. — Ja, sie werden von Jahr zu Jahr ....
C	besser	3. Findest du den Wein gut? — Nein, er könnte .... sein.
D	Am schnellsten	4. Wie komme ich schnell zum Bahnhof? — .... geht es wohl mit der U-Bahn.
A	schöner	5. Urlaub in den Bergen finde ich einmalig schön. — Ich finde Urlaub an der See noch ....
C	lieber	6. Schicken Sie den Brief .... per Eilboten, das geht schneller.
E	Am besten	7. Spricht Walter denn gut Spanisch? — .... von uns allen.
B	stärker	8. Tagsüber ist der Verkehr hier schon sehr stark. Am Feierabend wird er aber noch ....
A	schneller	9. So schnell geht es mit der Straßenbahn nicht. — Ja, darum nehme ich meistens auch den Wagen, damit geht's ....
C	mehr	10. Früher kamen die meisten Gastarbeiter aus Italien, aber jetzt kommen noch .... aus der Türkei.
E	am liebsten	11. Wenn ich könnte, wie ich wollte, würde ich jetzt .... eine Woche Urlaub nehmen.
D	am schönsten	12. Am Rhein war es auch ganz schön. Aber .... ist es immer noch in Schleswig-Holstein.

13

11.1

billiger	Ist Ihnen das Zimmer zu teuer? — Ja, etwas .... sollte es schon sein.	**A**
weniger	Das ist mehr oder .... dasselbe.	
schwerer	Wieviel kostet der Brief? — Je nachdem, wie schwer er ist. Bis 20 Gramm 50 Pfennig, wenn er .... ist, 70 Pfennig.	
öfter	Du schreibst nicht oft genug. Schreib doch bitte .... !	**B**
jünger	Wie? So alt sind Sie schon? Ich dachte immer, Sie wären .... als ich!	
besser	Hier sitzt man ganz gut, glaube ich. — Laß uns doch lieber auf die Terrasse gehen, da sitzt man noch	**C**
lieber	Wer arbeitet schon gern! — Ja, ich würde auch .... nichts tun.	
mehr	Sag mal, rauchst du immer soviel? — Ja, manchmal rauche ich noch	
Am billigsten	Wo kann man hier in der Nähe billig essen? — .... können Sie im Bahnhof essen.	**D**
am ruhigsten	In der Stadtmitte finden Sie keine Ruhe. In Seitenstraßen ist es zwar ruhiger, aber .... wohnt man am Stadtrand.	
am besten	Ist es besser zu schreiben oder anzurufen? — Ich glaube, ... rufst du gleich mal an.	**E**
am meisten	Wo haben Sie so gut Englisch gelernt? — Viel habe ich in der Schule gelernt, aber .... natürlich in England selbst.	

13

11.1
11.4

A	Wie	1. Ach, ich dachte, du wärst schon weg? — .... du siehst, bin ich noch da.
B	als	2. Besser .... er kann das niemand.
C	nächste	3. Ist hier in der Nähe eine Bank? — Ja, die .... Bank ist da gleich um die Ecke.
D	beste	4. Ist er wirklich so gut? — Ja, er ist bei weitem der .... Schüler in seiner Klasse.
A	wie	5. Ein Mann .... er tut, was er sagt.
C	schönste	6. Wann ist es bei euch besonders schön? — Der .... Monat ist der Mai.
B	als	7. Das geht viel einfacher, ... du denkst.
D	beste	8. Die Aufführung war ganz gut. Aber die .... Aufführung von diesem Stück soll die in Berlin gewesen sein.
C	billigste	9. Ich suche eine billige Autoversicherung. — Laß dich bei der SECURITAS versichern, das ist die ....
D	meisten	10. Viele waren nicht dafür. — Das stimmt. Die .... waren dagegen.
B	als	11. Seine Frau ist älter, ... sie aussieht.
A	wie	12. Mußt du dich noch umziehen? — Nein, ich gehe so, ... ich bin.

13

11.1
11.4

Wie	.... ich schon gesagt habe, möchte ich den Film auf jeden Fall sehen.	A
wie	Das ist so gut .... sicher.	
wie	Klug .... du bist, wirst du den Fehler sicher nicht machen.	
als	Sprachen lernt man heute anders, ... man sie früher gelernt hat.	B
als	Er kam früher .... erwartet zurück.	
als	Es war schon später, ... ich dachte.	
höchste	Lag sein Angebot nicht höher als die anderen? — Nein, wir hatten das .... Angebot gemacht.	C
wichtigste	Sie haben hier eine Reihe von wichtigen Anschriften. Besonders diese dürfen Sie nicht verlieren, das ist die	
Neueste	Wissen Sie schon das .... ? — Nein, was gibt's denn Neues?	
meiste	Viel haben wir noch nicht geschafft, das .... bleibt noch zu tun.	D
beste	Ist die Marke gut? — Von Tonbandgeräten ist es die ...., die ich kenne.	
meisten	Nur wenige Banken sind bis 18 Uhr geöffnet. Die .... schließen schon früher.	

A	1. Kannst du ihn nicht fragen? — .... ihn doch selbst!
C	2. Weniger solltet ihr auf keinen Fall verlangen. .... mindestens genauso viel wie die anderen.
D	3. Wollen wir noch ein bißchen bleiben? — Ja, ... noch ein bißchen bleiben!
E	4. .... doch nicht so spießig! Komm doch mit!
A	5. Soll ich die Tür öffnen? — Ja, ... bitte die Tür.
C	6. Die tun, als wäre unsere Freiheit in Gefahr und wir müßten sie retten! Darum heißt ihre Aktion: „........................... die Freiheit!“
B	7. Soll ich den Apparat mitnehmen? — Ja, ... ihn bitte ....
E	8. Nun .... doch endlich ruhig und laßt mich arbeiten.
D	9. Aufhören werden wir jetzt auf keinen Fall. — Doch, ... lieber hier aufhören!
B	10. Den Film sollte man sich wohl ansehen? — Ja, ... ihn dir unbedingt .... !
A	11. Wie soll ich den Brief schicken? Per Einschreiben? — Nein, ... ihn ruhig mit normaler Post.
E	12. .... sparsam! Geben Sie nicht soviel Geld aus!

14

1.6

Komm ... zurück	Wenn alles klappt, komme ich bald zurück. — .... bitte möglichst schnell .... !	A
Rat	.... mal, wer das gemacht hat! — Wie soll ich das raten?	
Steh	Warum willst du stehen bleiben? .... dich doch!	
Hilf	Brauchst du Hilfe? — Ja, ... mir bitte!	B
Gib ... auf	Walter meint, ich sollte ein Inserat aufgeben. — Ja, er hat recht. .... doch mal ein Inserat in der „Stuttgarter“ .... !	
redet	Immer nur reden und reden! Tut doch endlich mal was und .... nicht soviel!	C
Macht ... mit	Alle anderen wollen mitmachen. Und ihr? .... doch auch .... !	
laßt uns	Ich finde, wir sollten streiken. — Ja, ... streiken!	D
Laßt uns ... gehen	Wie wär's, wenn wir schwimmen gingen? — O ja, ... schwimmen .... !	
Seien Sie	.... doch nicht so intolerant!	E
Sei	.... doch endlich leise! Wie oft habe ich's dir schon gesagt!	
Seid	.... bitte das nächste Mal pünktlicher! Das letzte Mal wart ihr nicht sehr pünktlich.	

einer / keiner / meiner / welche

A	keins	1. Ich warte hier schon seit einer Viertelstunde auf ein Taxi. Bis jetzt ist noch .... vorbeigekommen.
B	einer	2. Haben Sie den „Spiegel" nicht mehr? — Doch, da liegt noch ....
C	eine	3. Kennst du hier eine billige Pension? — Ja, ich kenne hier ...., in der ich selbst schon gewohnt habe.
D	welche	4. Und haben Sie Gründe dafür? — Natürlich habe ich .... !
B	meiner	5. Das ist doch nicht Ihr Wagen? — Doch, das ist ....
C	keine	6. Hast du vielleicht Briefmarken für mich? — Nein, ich habe auch .... mehr.
A	keins	7. Braucht man noch ein Visum? — Nein, man braucht .... mehr.
D	welche	8. Und wie ist es mit Karten? Sind noch .... zu haben?
B	einer	9. Nur .... von uns beiden kann hingehen. Der andere muß hierbleiben.
D	welche	10. Hat man denn keine Kindergärten gebaut? — Doch, man hat .... gebaut, aber nicht genügend.
A	Eins	11. .... ist sicher: das nächste Mal fahre ich langsamer.
C	eine	12. Wollen Sie die „Zeit"? Hier ist noch ....

A

Nehmen Sie doch noch ein Stück Kuchen! —
Nein, danke. Ich möchte .... mehr.

Wie, dein Gerät hat nur 200 Mark gekostet?! Dann war .... ja viel teurer!

.... gefällt mir nicht an ihm: seine Intoleranz.

B

Alle halten ihn für einen Spießer, aber ich finde nicht, daß er .... ist.

Ist das Ihr Mantel? —
Nein, ... hängt da hinten.

Schau mal diese Anzeige! Wäre das nichts für dich?
Hier wird ein Dolmetscher gesucht, ..., der fließend Portugiesisch spricht.

C

Sie haben mir nur sieben statt acht Mark zurückgegeben!
Das ist .... zu wenig!

Geben die hier auch Prozente? —
Nein, die geben ....

Holen Sie sich die „Zeit"? Bringen Sie mir .... mit?

D

Hast du noch Zigaretten? —
Ja, ich habe noch ...., du nicht mehr?

Mußt du auch Steuern zahlen? —
Natürlich! Und was für .... !

Wo finde ich hier ein Taxi? —
Gehen Sie geradeaus bis zum Marktplatz! Da stehen immer ....

1
Test

	Üben Sie!
1. Hat er immer noch keine Arbeit? — Ja, er ist immer noch	S. 7
2. Ich habe dir doch gesagt, du sollst nicht mehr davon sprechen. Jetzt .... du aber schon wieder davon!	S. 3
3. Wir sind schon seit gestern hier. Und ihr? Wie lange .... ihr schon hier?	S. 5
4. .... ihr den Film schon gesehen?	S. 5
5. Ich weiß gar nicht, wie ich Ihnen danken soll. Ich bin Ihnen ja so	S. 7
6. Ich höre immer nur „heiraten". Ist es wahr, daß ihr .... ?	S. 1
7. Sehen Sie ihn jeden Tag? — Ja, ich sehe ihn	S. 7
8. Montag komme ich ins Krankenhaus. — Ach, und .... du dann gleich operiert?	S. 5
9. .... Papiere sind das? — Da steht doch der Name drauf.	S. 9
10. Wie oft fahren die Busse? — Alle zwanzig Minuten .... einer.	S. 3
11. So etwas sieht man nur in Amerika. — Ja, das ist typisch	S. 7
12. Am Anfang .... Reise war noch alles in Ordnung.	S. 9

7—55455/1

	Üben Sie!
13. Die Methode ist sehr wirksam. — Sind Sie sicher, daß sie .... ?	S. 7
14. In der Sendung .... Zweiten Programms haben sie nicht von der Konferenz gesprochen.	S. 9
15. Ist er immer noch ohne Arbeit oder hat er eine neue Stelle gefunden? — Er .... jetzt bei der Firma Fischer & Co.	S. 1
16. Stand es gestern oder heute in der Zeitung? — Gestern nicht. Es muß wohl in der .... Zeitung gewesen sein.	S. 7
17. Woher soll ich es wissen, wenn du es nicht einmal .... !	S. 5
18. Ich habe Dir sehr schnell auf Deinen letzten Brief geantwortet. Hoffentlich .... Du mir genauso schnell auf meinen Brief.	S. 1

	Üben Sie!
1. Ich hoffe, daß alles gut geht. — Bis jetzt .... noch alles gut	S. 15
2. Versprechen Sie da nicht zuviel? — Sie werden sehen, daß ich Ihnen nicht zuviel	S. 13
3. Mußten Sie die Sachen verzollen? — Nein, ich habe sie nicht	S. 11
4. (verstehen) Ich .... kein einziges Wort von dem, was er sagte.	S. 17
5. (beginnen) Ich weiß nicht mehr, wann es .... Es muß schon lange her sein.	S. 19
6. Finden Sie den Weg allein zurück? — Beim letzten Mal habe ich ihn auch allein	S. 13
7. Das können Sie aber nicht ohne weiteres vergleichen. — Ich habe es aber sehr genau	S. 13
8. (gefallen) Was er da sagte, ... mir aber gar nicht.	S. 17
9. (steigen) Früher .... die Preise nicht so schnell.	S. 19
10. Was denkt er sich nur dabei?! — Meinen Sie, daß er sich dabei etwas .... hat?	S. 15
11. (anbieten) Ich konnte ihn nicht zufriedenstellen, was immer ich ihm auch	S. 17
12. Wie konnte ich nur die Schlüssel verlieren! — Wo hast du sie denn .... ?	S. 11

	Üben Sie!
13. Lassen Sie die Kinder allein zu Haus? — Wir .... sie schon immer allein zu Haus	S. 15
14. Hast du gesehen, wie gut er es konnte? — Ja, das war wirklich	S. 15
15. (geschehen) Das .... ihm ganz recht so.	S. 19
16. Bist du sicher, daß er schweigen wird? — Bis jetzt .... er noch immer	S. 13
17. (regnen) Wenn es ...., spielten wir Karten.	S. 17
18. Ich weiß nicht, ob er so lange warten kann. — Er .... bestimmt auf Sie.	S. 1
19. Man spürt die Unruhe .... Zuschauer.	S. 9
20. Nehmen Sie diese Tabletten dreimal .... vor dem Essen eine Woche lang.	S. 7
21. Das ist mir neu. Woher .... du das?	S. 5
22. Ich kann es mir nicht anders denken. — Doch, ... wäre es schon, aber . . .	S. 7
23. Ich sehe nicht, was wir da machen könnten. Aber vielleicht .... Walter eine Möglichkeit.	S. 3
24. Ich wohne auf der anderen Seite .... Rheins.	S. 9

	Üben Sie!
1. Hast du Zeit, ihn anzurufen? — Ja, ich .... ihn	S. 23
2. Das erledigt .... ganz von selbst.	S. 27
3. Weißt du, wofür er sich interessiert? — Ich glaube, ... interessiert überhaupt nichts.	S. 25
4. Wann kommt der TEE aus Rom an? — Der ist gerade	S. 21
5. Freuen Sie sich? — Ja, ich freue .... sehr.	S. 25
6. Wann fangen die endlich an? — Ja, es wäre wirklich Zeit	S. 23
7. Fährst du mit? — Ob ich ...., ist noch nicht sicher.	S. 23
8. Sie ist wirklich schön! — Ja, ihre .... ist einmalig.	S. 29
9. In den Bergen kann man .... gut entspannen.	S. 25
10. Wenn ich die Zeit nicht habe, nehme ich sie .... einfach.	S. 27
11. Verstehen Sie sich gut mit ihm? — Bis jetzt habe ich mich immer sehr gut mit ihm	S. 21
12. Evis Mann kommt aus Japan. — Ach, sie ist mit einem .... verheiratet?	S. 29

	Üben Sie!
13. Sie haben einmal Streit gehabt, und seitdem reden sie nicht mehr mit...................................... .	S. 27
14. Wann geht er weg? — Wann er ...., weiß ich nicht.	S. 21
15. Hattet ihr gute Sicht? — Ja, man konnte bis zum Mont Blanc	S. 29
16. Hoffentlich finden Sie Ihre Schlüssel wieder! — Ich habe sie schon	S. 13
17. Haben Sie Ihren Mantel nicht dabei? — Nein, ich habe ihn zu Haus	S. 15
18. Und wieviel bietet Herr Schmitt? — Der hat noch weniger	S. 11
19. Hast du schon die Karten bekommen? — Noch nicht, aber wir .... sie sicher bald.	S. 11
20. Können Sie es ihm nicht verzeihen? — Ich habe es ihm schon längst	S. 13
21. Hoffentlich merkt er nichts! — Bisher hat er nie etwas	S. 11
22. Was danach mit mir geschehen ...., weiß ich nicht mehr.	S. 15
23. Wir saßen im INTERCITY-Zug. Die Landschaft .... nur so dahin.	S. 17
24. Wir fuhren unserem Ziel entgegen. Wir .... aus. Waren fit.	S. 19

2

	Üben Sie!
1. Und was dann passierte, ... Sie sich sicher denken!	S. 33
2. Ich wußte nicht, was ich ihm antworten	S. 35
3. Gegen Ende .... Urlaubs fahren wir dann einige Tage an die Nordsee.	S. 31
4. Ob ihr wollt oder nicht, ihr .... noch etwas warten.	S. 33
5. War es nicht möglich? .... du nicht kommen?	S. 35
6. Wollte er nicht kommen oder hatte er keine Zeit? — Ich glaube, er .... nicht	S. 37
7. Walter ist ein Freund .... Pedro.	S. 31
8. Du .... ja später noch mal anrufen.	S. 33
9. Es passierte in der Mitte .... Sees.	S. 31
10. Mußtest du die Papiere allein ausfüllen? — Ja, ich habe sie ganz allein	S. 37
11. Und was haben die bei der Zimmervermittlung gesagt? — Sie .... mich vormerken für nächstes Jahr.	S. 35
12. Ich .... ja mal den Chef fragen. Dann wissen wir's genau.	S. 33

	Üben Sie!
13. Wollen Sie ihn schon wieder warten lassen? — Ich habe ihn noch nie	S. 37
14. Damit können Sie doch nicht schneiden! Nehmen Sie dieses Messer, das .... besser.	S. 1
15. Was weiß er denn schon?! — Das frage ich mich auch. Er will immer alles besser	S. 5
16. Wann wird der Film gesendet? — Die .... ist morgen abend um 22.10 Uhr.	S. 29
17. Du mußt .... bis zum 1. November an der Uni einschreiben.	S. 25
18. Zum Wäschewaschen nehmen Sie Oriello! Oriello .... weißer!	S. 3
19. Seinen letzten Film mußt du .... auch ansehen.	S. 27
20. Vergiß nicht, das Radio auszuschalten! — Ich habe es schon	S. 21
21. .... Telefonnummer suchen Sie? Die von Herrn Hansen? Die habe ich doch!	S. 9
22. Wollen Sie ihn nicht mitnehmen? — Doch, ich .... ihn gern	S. 23
23. Von weitem unterscheidet .... das Haus in nichts von den anderen.	S. 25
24. Hattet ihr an der Nordsee regnerisches Wetter? — Ja, wir hatten fast die ganze Zeit	S. 7

3
1

	Üben Sie!
1. Muß ich das alles ausfüllen? — Nein, das .... Sie nicht alles	S. 39
2. Nehmen Sie doch den Zug, ... um 11.22 Uhr in Freiburg ankommt.	S. 41
3. Erinnerst du dich an die Anzeige, ... Text englisch geschrieben war?	S. 41
4. Ich brauche wohl nicht mitzukommen oder? — Doch, du .... auch	S. 39
5. Ich muß den Vertrag, ... mir die Versicherung geschickt hat, noch ausfüllen und unterschreiben.	S. 41
6. Wolltest du nicht auch Paul einladen? — Nein, den .... einladen.	S. 39
7. Glauben Sie mir, das ist ein Gerät, ... Eigenschaften Ihnen sehr gefallen werden.	S. 41
8. Hoffentlich bekomme ich bald die Auskünfte, ... ich ihn gebeten habe.	S. 41
9. Muß ich alle Zimmer saubermachen? — Nein, du .... nur das Wohnzimmer	S. 39
10. Wann fängt der Hauptfilm an? — Der .... schon	S. 11
11. Na, wann .... es denn losgehen?	S. 33
12. Kochen hatte ich gelernt, das .... ich.	S. 35

5

Test

4
2

	Üben Sie!
13. Auf die Anzeige .... viele Angebote eingegangen.	S. 15
14. Ich habe ihn ruhig in seinem Irrtum	S. 37
15. Wie lange gibt es das Fernsehen schon? — Vor fünfzig Jahren .... es noch kein Fernsehen.	S. 19
16. Er wollte immer alles besser wissen. Dabei .... er nie, was los war.	S. 17
17. Ich habe den Wagen am Flughafen stehen	S. 37
18. Die Anzeige .... vorgestern erschienen.	S. 15
19. In der Nähe .... Bank fand die Polizei das Räuberauto.	S. 31
20. Hast du dir die Zähne schon .... ?	S. 11
21. Er mußte ins Krankenhaus gebracht werden. — War er denn so schwer verletzt, daß man ihn ins Krankenhaus .... ?	S. 37
22. Sie müssen noch die Miete überweisen. — Ich .... sie schon	S. 13
23. Der neue Flughafen .... München soll noch größer und moderner werden.	S. 31
24. Die Tasche ohne das Geld haben die Bankräuber im Parkhaus zurück.................................... .	S. 37

	Üben Sie!
1. Hast du schon Nachricht .... Ausländeramt bekommen?	S. 45
2. .... Arbeitserlaubnis findest du als Ausländer bestimmt keine Arbeit.	S. 43
3. .... seiner Kopfschmerzen ging er mit ins Theater.	S. 47
4. Ist es noch weit .... Universität?	S. 43
5. Sind Sie Deutscher? — Nein, ich komme .... Schweiz.	S. 45
6. Wofür oder .... haben die Studenten denn jetzt schon wieder demonstriert?	S. 43
7. .... Passes können Sie auch den Personalausweis zeigen.	S. 47
8. Ich lerne .... Leidenschaft fremde Sprachen.	S. 47
9. Das beste ist, Sie gehen bei der Ampel rechts .... Ecke.	S. 43
10. Wollen wir uns nicht lieber weiter .... vorn setzen?	S. 45
11. Hat Karl dich mit nach Haus genommen? — Ja, ich war .... zu Haus.	S. 45
12. .... Fenster konnte man sehen, was im Zimmer passierte.	S. 43

5
3

	Üben Sie!
13. .... Ausländer ist es zur Zeit sehr schwer, Arbeit zu finden.	S. 43
14. Ich suche ein Zimmer, ... Miete unter 150 Mark liegt.	S. 41
15. Du brauchst doch nicht erst zu fragen! — Doch, das .... ich.	S. 39
16. Schau .... vorher genau den Prospekt an!	S. 27
17. Niemand weiß, wo er .... jetzt befindet.	S. 25
18. Gib nicht so viel Geld aus! — Ich werde versuchen, nicht so viel	S. 21
19. Mußten Sie die Landessprache lernen? — Nein, die .... wir nicht	S. 39
20. Und wenn Sie nicht da sind, wo soll ich das Buch dann abgeben? — Dann .... Sie es nebenan bei Müllers	S. 23
21. Nun regen Sie .... doch nicht so auf!	S. 25
22. Mama, darf ich fernsehen? — Nein, heute gibt's kein	S. 29
23. Gegenüber Ausländern, ... Eigenschaften man nicht kennt, hat man oft Vorurteile.	S. 41
24. Hast du es .... auch gut überlegt?	S. 27

	Üben Sie!
1. Die Straßenbahn hält genau .... Haustür.	S. 49
2. Er .... sicher noch mal zurückkommen.	S. 51
3. Wieviel Geld hast du denn noch .... Konto?	S. 49
4. Plötzlich .... mir ganz schlecht.	S. 51
5. Dort führt eine Brücke .... Rhein.	S. 49
6. Kommen Sie! Wollen Sie sich nicht .... mich setzen?	S. 49
7. Er ist ein bekannter Arzt	S. 51
8. Fernsehen findet man heute doch .... Haus.	S. 49
9. Was .... er bei der Ankunft sagen?	S. 51
10. Kommst du mit? Ich schwimme .... andere Ufer.	S. 49
11. .... Stipendiums müßten Sie sich mal beim DAAD erkundigen.	S. 47
12. Warum hat sie es uns nur nicht gesagt? — Ja, sie hätte es uns	S. 37

	Üben Sie!
13. .... gutes Tonbandgerät müssen Sie 200 bis 300 Mark ausgeben.	S. 43
14. Ihr .... mit der Straßenbahn oder mit dem Bus fahren. Beides ist möglich.	S. 33
15. In den Ferien fahre ich nach Frankreich .... Brieffreund.	S. 45
16. Muß ich meinen Paß mitnehmen? — Ja, das beste ist, du .... ihn mit.	S. 3
17. Das Hotel liegt in der Nähe .... Autobahn.	S. 31
18. Du hast wirklich Glück gehabt, so eine nette Frau zu finden! — Ja, ich bin in der Tat sehr .... mit ihr.	S. 7
19. Es gab kaum jemanden, ... das nicht neu war.	S. 43
20. .... Einkommen ist durchschnittlich höher, das der Männer oder das der Frauen?	S. 9
21. Mußten Sie noch Spanisch lernen? — Nein, Spanisch .... ich schon.	S. 35
22. Ich setze mich hierher, und du .... dich dahin.	S. 1
23. Niemand weiß etwas davon. Woher soll ich denn etwas davon ....?	S. 5
24. Ich habe sie .... Studiums in Paris kennengelernt.	S. 47

	Üben Sie!
1. Wieviel Stück .... davon täglich produziert?	S. 55
2. Ist der Vertrag noch gültig? — Nein, vor einer Woche .... ein neuer Vertrag	S. 53
3. Stellt die Post am Samstag keine Briefe mehr zu? — Nein, bei uns .... samstags keine Briefe mehr	S. 53
4. Mir ist ziemlich kalt gewesen. — Aber das Fenster .... doch die ganze Zeit geschlossen!	S. 55
5. Der Antrag muß vollständig und deutlich	S. 53
6. Hat er es zurückgegeben? — Er wird es nie	S. 11
7. Ich habe lange nichts mehr von Peter gehört. Weißt du, was aus ihm .... ist?	S. 51
8. Muß ich den Brief eingeschrieben schicken? — Nein, den brauchst du nicht	S. 39
9. Du solltest aber auch die Prämien vergleichen. — Die habe ich noch nicht	S. 13
10. Am Wochenende fahren viele Menschen .... Städten aufs Land.	S. 45
11. Na so was! Du .... ja schon wieder ein Stück größer geworden!	S. 15
12. Das ist ein Luxus, ... Kosten alle Bürger mitfinanzieren müssen.	S. 41

	Üben Sie!
13. (vertreiben) Er wollte seine Ruhe haben und .... die Kinder aus dem Zimmer.	S. 19
14. Schau mal, wie gut er es kann! — Ja, so gut habe ich es früher auch mal	S. 15
15. Das Verkehrschaos wird .... Bundesrepublik von Jahr zu Jahr größer.	S. 49
16. Muß ich die ganze Seite ausfüllen? — Nein, Sie brauchen nur den oberen Teil	S. 39
17. Benzin ist auch wieder teurer	S. 51
18. Sind die Sachen schon eingetroffen? — Noch nicht, aber sie werden bald	S. 13
19. Den Roman mußt du auch noch lesen. — Ich .... ihn schon	S. 11
20. (geschehen) Das hatte er nun davon! Das .... ihm ganz recht so.	S. 19
21. Und was ist aus dem Plan geworden, ... die meisten einverstanden waren?	S. 41
22. (gehen) Der Unfall war vergessen, und alles .... so weiter wie vorher.	S. 17
23. Warten Sie nur ab! Das .... noch mal ein ganz großes Problem.	S. 51
24. (schließen) Aus deinen Worten .... ich, daß er nicht die Wahrheit gesagt hatte.	S. 17

	Üben Sie!
1. Was halten Sie .... Idee?	S. 61
2. Ich habe wiederholt .... ihm gefragt, aber er war nie da.	S. 61
3. Was für eine Krawatte würde .... Anzug passen?	S. 59
4. .... warten wir denn noch? Es sind doch schon alle da!	S. 57
5. Es war wirklich unnötig, sich .... so aufzuregen.	S. 61
6. Ich bin ...., was Sie gesagt haben, voll und ganz einverstanden.	S. 57
7. Wenn ich nur wüßte, ... sie sich interessiert! Dann wüßte ich auch, was ich ihr schenken könnte.	S. 59
8. .... kann es nur liegen, daß der Apparat nicht funktioniert?	S. 57
9. Haben Sie schon .... Frau darüber gesprochen?	S. 59
10. Was ist denn passiert? — Ich bin .... Baum gefallen.	S. 45
11. Wollen wir nicht erst essen? — Gut, wir können dann nach dem .... über die Sache reden.	S. 29
12. Wir verstehen .... ganz prima. Wir kennen einander ja auch schon seit vielen Jahren.	S. 25

8
6
3

8—55455/1

	Üben Sie!
13. Sie können dich doch nicht so einfach entlassen! — Auf alle Fälle ist es verboten, jemanden ohne Grund	S. 23
14. Und wie muß ich diesen Brief frankieren? — Der muß mit 60 Pfennig	S. 53
15. Erkundigen Sie .... doch mal in einem Reisebüro!	S. 25
16. Ich rufe an .... Anzeige in der heutigen „Welt“.	S. 47
17. Wo verdienen die Arbeiter am besten? — In der Metallindustrie .... am besten	S. 53
18. Die Wirtschaftsminister der EG-Länder treffen .... am kommenden Montag in Brüssel.	S. 25
19. Das läßt sich doch nicht verhindern. — Doch, das kann ganz einfach	S. 53
20. Es wurde genauso gemacht, wie es angekündigt	S. 55
21. Jetzt habe ich schon wieder kein Geld mehr! Dabei wollte ich doch gar nicht so viel Geld	S. 21
22. Ich werde noch ein bißchen lesen oder .... sonstwie die Zeit vertreiben.	S. 27
23. Nun reden Sie doch nicht immer .... Sache herum!	S. 43
24. Was soll das viele Reden? Kommen Sie doch endlich .... Sache!	S. 45

	Üben Sie!
1. Kannst du es .... übermorgen schaffen?	S. 63
2. Ich habe Ihnen das Buch mitgebracht, ... Sie sich selbst eine Meinung bilden können.	S. 73
3. .... ich den Antrag ausgefüllt hatte, brachte ich ihn persönlich aufs Ausländeramt.	S. 71
4. Na, ... Sie's sich überlegt? — Ja, ich bin einverstanden.	S. 69
5. Jetzt kennen Sie ihn also. — Ja, und ich freue mich sehr, ihn	S. 65
6. .... Einreise in die Bundesrepublik mußt du ein Visum beantragen.	S. 63
7. Hat er euch nicht gefragt? — Nein, er hat es getan, ... uns nach unserer Meinung	S. 67
8. Die Frauen sind unzufrieden, ... sie für die gleiche Arbeit weniger Lohn bekommen als die Männer.	S. 73
9. .... ich ihn kenne, trägt er dieselbe Krawatte.	S. 71
10. Ich bin ganz Ihrer Meinung, ... man es versuchen sollte.	S. 73
11. Ich gehe schnell zur Post, ... das Päckchen	S. 67
12. .... wir ohne nachzudenken immer mehr produzieren, vergessen wir, daß wir dadurch die Natur zerstören.	S. 71

9
7
4

	Üben Sie!
13. Das Treffen fand .... Jahr 1970 statt.	S. 63
14. Vielleicht ist er krank? — Ja, er scheint	S. 65
15. Als ich angekommen ...., ging ich sofort zu ihm.	S. 69
16. Das alles geschah innerhalb .... wenigen Minuten.	S. 31
17. Sagen Sie mal! .... halten Sie mich eigentlich?	S. 59
18. Ich frage mich immer wieder, was aus dem noch mal .... soll.	S. 51
19. Können Sie Spanisch? — Früher .... ich es mal ganz gut.	S. 35
20. Ich begreife nicht, wie man sich .... ihm nicht verstehen kann.	S. 57
21. Was steht denn .... Telegramm?	S. 49
22. Nehmen Sie doch Schweinshaxe mit Sauerkraut! — Nein, ich .... kein Sauerkraut.	S. 33
23. Konnten Sie nicht mitfahren? — Nein, wir haben leider nicht	S. 37
24. Auf der Versammlung wurde auch .... Tariferhöhungen diskutiert.	S. 61

	Üben Sie!
1. Wenn wir mit dem Zug ...., könnten wir jetzt schon da sein.	S. 77
2. Ich .... den Brief lieber per Einschreiben schicken sollen.	S. 79
3. Ich würde mich freuen, wenn er auch mal zu uns	S. 77
4. Er tut doch nur so, als .... er einverstanden.	S. 79
5. Braucht man für Tunesien ein Visum? — Im Reisebüro hat man mir gesagt, man .... keins.	S. 75
6. Peter sagte ihm, er .... sich mal die Zeit nehmen, darüber nachzudenken.	S. 75
7. Wenn ich an Ihrer Stelle ...., ... ich es mal versuchen.	S. 77
8. Kommt der Brief morgen noch an, wenn ich ihn per Eilboten ....?	S. 77
9. Sie forderte ihn auf, er .... sich endlich entscheiden.	S. 75
10. .... er doch bloß vorher ein Wort davon gesagt!	S. 79
11. Wenn Sie früher geschrieben ...., ... es noch möglich gewesen.	S. 77
12. Er erklärte, das .... ihm zu lange gedauert und darum .... er gegangen.	S. 75

10
8
5

	Üben Sie!
13. Das würde ein Chaos geben, ... Ende niemand vorhersehen könnte.	S. 41
14. Überleg es dir genau, ... du „ja“ sagst!	S. 71
15. Was hat der Arzt gesagt? Wann sollst du wiederkommen? — Er hat mich gebeten, in einer Woche	S. 65
16 Wollten Sie nicht Ihren Wagen verkaufen? — Der .... schon längst verkauft.	S. 55
17. .... wann kennt ihr euch denn? — Wir haben uns .... Jahr kennengelernt.	S. 63
18. Es ging schneller, als ich gedacht	S. 69
19. Wenn du Arbeit suchst, ... du nur beim Arbeitsamt zu fragen.	S. 39
20. Ich frage mich wirklich, ... ich das tun soll.	S. 73
21. Wie ist die Wahl ausgegangen? — Müller .... mit zehn Stimmen Mehrheit	S. 53
22. Gehen Sie doch lieber mal ins Kino, ... immer vor dem Fernsehapparat	S. 67
23. Mich würde interessieren, ... Sie darüber denken.	S. 73
24. Weißt du noch, wie es früher war, ... wir zusammen studiert haben?	S. 71

12

Test

	Üben Sie!
1. Bis jetzt sind wir .... fünf. Aber es kommen sicher noch welche dazu.	S. 81
2. Wieviel wollen Sie denn ausgeben? — .... 150 Mark, nicht mehr.	S. 81
3. Wir sind noch nicht fertig. — Ach, dann bin ich wohl .... früh gekommen?	S. 81
4. Nehmen wir doch lieber das Menü! Das kostet .... sieben Mark achtzig.	S. 81
5. In wenigen Stunden wird es soweit sein. Ich kann es .... erwarten.	S. 81
6. Woher haben Sie das? — .... Schweiz.	S. 45
7. Bis auf Walter waren alle .... Idee einverstanden.	S. 59
8. In den Ferien arbeitet er bei der Post. Er .... Post aus.	S. 3
9. Meint er wirklich, das .... so ohne weiteres möglich?	S. 75
10. Nehmen wir alle das Menü II? .... ihr einverstanden?	S. 5
11. .... versprochenen hundert Mark schickte er mir nur fünfzig.	S. 47
12. Das Auto verbieten? Nie im Leben! Ohne Auto .... wir doch todunglücklich.	S. 79

11
9
6
1

	Üben Sie!
13. Ich weiß wirklich nicht, was ich dir .... Frage antworten soll.	S. 57
14. Es .... alles ganz anders gekommen, wenn wir rechtzeitig dagegen protestiert	S. 77
15. Woher weißt du das? — .... guten Freund.	S. 45
16. .... alles kann man sich ja auch nicht versichern.	S. 43
17. Woher kommt der Brief? — Die Anschrift .... Absenders ist unleserlich.	S. 9
18. Nach dem Abitur begann ich sofort .... Studium.	S. 59
19. Passen Sie auf, daß Sie sich nicht vergiften! — Warum? Ist die Pflanze etwa .... ?	S. 7
20. Sechs Wochen Urlaub hat er? So gut möchte ich's auch haben! — Ja, so lange Urlaub, das .... schön!	S. 79
21. Vielleicht kann man das auf Englisch besser verstehen? — Nein, das ist auch auf Englisch ganz und gar	S. 7
22. Der eine sagt schwarz, und der andere sagt weiß. Ich weiß wirklich nicht, auf .... Urteil ich mich verlassen soll!	S. 9
23. Verstehst du was .... Elektrotechnik? — Nein, ... verstehe ich nichts.	S. 61
24. Hoffentlich kann er sich durchsetzen. — Ich glaube schon, daß er sich	S. 1

13

Test

	Üben Sie!
1. Kleine Kinder .... Sorgen, große Kinder .... Sorgen!	S. 85
2. Und was für einen Wein nehmen wir dazu? Einen roten? — Wenn's recht ist, hätte ich am liebsten einen	S. 83
3. Können Sie mir einige .... Merkmale der Franzosen nennen?	S. 85
4. Mußtet ihr lange warten? — Ja, aber nach .... Warten hatten wir dann doch Erfolg.	S. 85
5. Gehen Sie doch mal zu Doktor Meyer! Der ist ein .... Zahnarzt.	S. 83
6. Und wie ist es, wenn die Betriebe größer sind? — Alle .... Betriebe haben einen Betriebsrat.	S. 85
7. Und was halten Sie für besonders wichtig? — .... ist für mich die Verbesserung der Lebensqualität.	S. 87
8. So .... ich ihn kenne, wird er bestimmt „nein" sagen.	S. 89
9. (letzt) In .... Zeit war er oft krank.	S. 85
10. Die Sache lief weniger gut, ... wir gedacht hatten.	S. 89
11. Wieviel hat er geboten? War der Preis annehmbar? — Ja, das war ein .... Angebot.	S. 83
12. Ist der andere Apparat auch so teuer wie dieser? — Nein, dieser ist viel ...., dafür ist er natürlich auch	S. 87

	Üben Sie!
13. Ich finde die Landschaft hier einmalig schön. — Ja, so eine .... Landschaft findet man selten.	S. 83
14. Wir haben jetzt schon große Probleme, und die werden in Zukunft noch .... sein.	S. 87
12 10 7 2 15. .... ich ihn persönlich kenne, habe ich meine Meinung über ihn geändert.	S. 71
16. Er kam bei dem Rennen .... auf den zweiten Platz.	S. 81
17. (erscheinen) Schon wenige Monate später .... ein zweites Buch von ihm.	S. 19
18. Wie .... das wohl in einigen Jahren hier aussehen?!	S. 51
19. Wohin soll ich die Koffer stellen? — Lassen Sie sie ruhig da .... !	S. 65
20. Und spät .... Abend finden Sie dann immer noch Leute auf der Straße.	S. 63
21. Während alle anderen in Urlaub waren, ... ich lieber zu Haus	S. 69
22. Wie sieht die Entscheidung nun aus? — Die meisten haben sich für acht Uhr	S. 13
23. Ach, ich muß in Köln umsteigen? — Ja, Sie haben sechs Minuten Zeit, ...	S. 67
24. Hat er es zugegeben? — Er wird es nie	S. 11

14

Test

	Üben Sie!
1. Herr Ober, noch ein Helles bitte! — Ich nehme auch noch	S. 93
2. Warum immer gleich diese Nervosität? .... doch nicht immer gleich so nervös!	S. 91
3. Wollt ihr nicht einen Moment reinkommen? .... doch .... !	S. 91
4. Kauf dir lieber ein gutes Gerät, nicht so ...., das immer gleich wieder kaputt geht.	S. 93
5. Ich muß jetzt leider gehen. — Ach, ... doch noch ein bißchen!	S. 91
6. Was für einen Wein hätten Sie denn gern? — Es sollte .... sein, der nicht zu schwer ist.	S. 93
7. Das beste ist, wir stimmen darüber ab. — Gut, ... darüber .... !	S. 91
8. Radikale gibt's doch überall. — Ja, in jeder Partei gibt's	S. 93
9. Soll ich noch weiterlesen? — Ja, ... bitte .... !	S. 91
10. Er hat .... wirklich sehr um uns bemüht.	S. 27
11. Ach, das Fernsehgerät meinen Sie? Das .... schon lange verkauft.	S. 55
12. Er tut so, als ob alles in Ordnung .... und niemand etwas gemerkt	S. 79

13
11
8
3

	Üben Sie!
13. Na, wie habt ihr .... entschieden?	S. 25
14. Im Krieg .... Millionen Menschen aus ihrer Heimat vertrieben	S. 53
15. Spielt er gut? — Ja, er ist ein ausgezeichneter	S. 29
16. Der Vorsitzende mußte neu gewählt werden. — Und wer ist jetzt der .... Vorsitzende?	S. 83
17. Das hatte ich .... fast schon gedacht!	S. 27
18. (groß) Mit .... Fleiß hat er es doch noch geschafft.	S. 85
19. Dieses Problem, sagte der Minister in seiner Rede, ... nicht so einfach zu lösen.	S. 75
20. Ich muß den Vertrag noch unterschreiben. — Ach, ich dachte, du hättest ihn schon	S. 21
21. Ich glaube, es wäre gut, wenn ich Ihren Chef anriefe. — Ja, ... sprechen Sie mal mit Herrn Müller persönlich.	S. 87
22. Soll ich den Apparat reparieren lassen? — Das lohnt sich doch nicht mehr! Ich .... ihn nicht noch mal zur Reparatur geben.	S. 77
23. Ich hoffe, meine Entscheidung war gut. — Es war die .... Entscheidung, die du in dieser Lage treffen konntest.	S. 89
24. Schaff dir doch ein neues Fernsehgerät an! — Ich habe nicht genug Geld, mir einen neuen Fernseher	S. 23

15

Test a

	Üben Sie!
1. Ich wußte wirklich nicht, was ich sagen .... So groß war meine Überraschung.	S. 35
2. Wer stellt schon gern fremde Interessen .... eigenen? Die eigenen Interessen stehen doch immer ganz oben!	S. 49
3. Ich war noch nie im Ausland, kann Ihnen also nicht sagen, wie man sich als .... in einem fremden Land fühlt.	S. 29
4. Konnte er denn nicht vorher fragen? — Ja, ich meine auch, er hätte uns vorher	S. 37
5. Das ist häufig so. Aber noch .... ist das Gegenteil zu erwarten.	S. 87
6. Wann siehst du Walter wieder? — Ich hoffe, ... schon sehr bald	S. 65
7. Ich halte sie .... ausgezeichnete Lehrerin.	S. 59
8. Wie war die Party? — Prima! Es war die .... Party, die ich je mitgemacht habe.	S. 89
9. .... der Unterricht zu Ende ist, kommt ihr auf dem schnellsten Weg nach Haus.	S. 71
10. Eltern, ... Kinder noch zur Schule gehen, finden sich immer häufiger in Elterninitiativen zusammen.	S. 41
11. Woher wissen Sie das? — Es .... letzte Woche im „Spiegel“.	S. 17
12. Es ist doch klar, auf .... Rechnung das dann wieder geht! Immer auf die des kleinen Mannes!	S. 9

13. Arbeiten Sie nur noch 40 Stunden in der Woche? — Ja, die wöchentliche Arbeitszeit .... von 42 auf 40 Stunden verkürzt	Üben Sie! S. 53
14. .... in Raten ...., solltest du lieber bar bezahlen. Das ist billiger.	S. 67
15. Mögen Sie moderne Kunst? — Ja, sehr. Ich habe mich viel mit .... Kunst beschäftigt.	S. 85
16. Hat es mit dem Umtausch geklappt? — Ja, zum Glück habe ich den Apparat	S. 37
17. .... Garantiezeit sind Reparaturen kostenlos.	S. 47
18. Ich kenne ihn leider nicht, hätte ihn aber gern	S. 21
19. Rauchen Sie? — Nein, nicht mehr. Ich habe das Rauchen	S. 11
20. Vor ein paar Tagen, ... ich bei ihm war, ging es ihm schon wieder ganz gut.	S. 71
21. .... doch nicht immer so humorlos!	S. 91
22. Sie kennen doch Herrn Waldhausen. Haben Sie seine Adresse? — Ich .... ihn schon, ... aber leider nicht, wo er wohnt.	S. 5
23. Niemand kann sagen, wie es .... 100 Jahren hier aussehen wird.	S. 63
24. Sie müssen sicher noch etwas zurückzahlen. — Nein, ich brauche	S. 39

	Üben Sie!
1. Trink doch noch eins mit uns! Du hast doch .... ein Bier getrunken. — Na, gut. Aber .... noch eins, denn ich muß noch Auto fahren.	S. 81
2. Schließlich suchten wir uns eine neue Wohnung, denn durch den Verkehr .... der Lärm in unserer Straße immer unerträglicher	S. 69
3. Und wie ist der Vergleich der verschiedenen Radioapparate ausgegangen? — Nachdem wir alle miteinander ...., haben wir uns einen „Telefunken" gekauft.	S. 13
4. Diese Vorschrift .... schon seit einigen Monaten wieder abgeschafft.	S. 55
5. Ach, ihr fahrt auch .... Schwarzwald? Wohin fahrt ihr? — .... Nähe von Baden-Baden.	S. 49
6. Was meinst du? Ob man mir den Apparat umtauscht? — Versuch ruhig mal, ihn .... !	S. 65
7. Wenn ich du ...., ... ich mir das nicht gefallen lassen.	S. 77
8. Da braucht man sich doch nicht vorher anzumelden. — Doch, das .... man.	S. 39
9. Ich soll Sie herzlich grüßen .... Hausmann, den ich in München getroffen habe.	S. 61
10. Diesen Film müssen Sie sich unbedingt anschauen! — Ich weiß wirklich nicht, wie ich die Zeit finden soll, ihn	S. 27
11. Das kommt .... an, wie lange Sie bleiben wollen.	S. 57
12. Die Wagenpapiere? Die habe ich leider nicht .... Die habe ich zu Haus vergessen.	S. 45

	Üben Sie!
13. Wenn es nach mir ginge, ... wir morgen zu Haus bleiben.	S. 77
14. Er hat ...., glaube ich, ehrlich bemüht.	S. 25
15. Läßt sich noch feststellen, wie das passiert ist? — Nein, das ist nicht mehr	S. 7
16. .... guten Radioapparat müssen Sie schon 300 bis 400 Mark ausgeben.	S. 43
17. Ich habe meinen Wagen zu Haus .... und bin zu Fuß gekommen.	S. 15
18. Wir haben dieses Jahr nur ein Wirtschaftswachstum von höchstens einem Prozent. — Ach, wirklich? Nicht .... ein Prozent?	S. 87
19. .... Wahlen versprechen die Parteien immer alles mögliche.	S. 63
20. Wir wollen einen Ausflug machen. .... du mitkommen?	S. 33
21. Über 5000 Eltern nahmen in Düsseldorf an einer Demonstration teil, ... für eine bessere Schule	S. 67
22. Der Flughafen .... vor ungefähr zehn Jahren gebaut.	S. 53
23. Wenn man so etwas hört, kann man an der Vernunft der Leute wirklich irre	S. 51
24. Warum haben Sie mir vorher nichts gesagt? Sie .... es mir vorher sagen .... !	S. 79